小学一年生 特別編集

桃太郎電鉄 教育版
日本っておもしろい！

日本全国すごろくドリル

小学1年生 かん字・けいさん
プログラミング・日本ちず

小学館

みんな見てー!!
おもしろそうなドリル見つけたよ!!
小学1年生
かん字・けいさん プログラミング・日本ちず
楽しく日本をめぐって小学1年生の学習を完ぺきマスター!
正頭英和
えっドリル?
べんきょう!?
どんな中みなんでしょう
北海道のもんだいがいっぱい!!
北海道 かん字
一・二・日
月 日
北海道は、日本□ ひろい とどうふけんなので、□日で まわるのは むずかしい。
□月には「さっぽろ ゆきまつり」が ひらかれる。
北海道の □だかでは こんぶが とれる。
できたら すごろくに ①の シールを はろう!
まってください このドリル
北海道だけじゃなく…
パラ
パラ

日本ぜんこくが もんだいに なってます!!
どぇーっ!?
もんだいを ときながら 日本に くわしく なれそう!!!
えっ 北海道 一日で まわれないの!?
雪まつり いってみたい です――
1ページ とけたら 1まい シールを はれるそうです
よーし!! 1まい はるぞー…
うらやましいの ね～～～ん!!!
びんぼうがみ!!
ぴぇ～～ん
ボク まだ 1ページも とけてないの ね～～ん!!
かん字・けいさん プログラミング・日本ちず
早く ぜんぶ ときたいの ね～～ん!!
ぜんぶ!?
そんなに いそがなく ても…
みんな しらないの ねん!?

ぜんぶ といて
シールを
はったら…
日本ちずの
すごろくが
かんせいするの
ね～～～ん!!!
たのしそうーーー!!!
よーし!!
きょう中に
といてやる
ぞーー!!
みんなで
すごろく
したいの
ねん!!
ドリルで
ぜんこくの
たびに
出ぱつだーー!!!
ガリガリガリ
小学1年生
ドリル かん字・けいさん
プログラミング・日本ちず
30分ご
スヤァ…
ZZZ…
つかれて
ねちゃっ
たー!!
きょう中は
むずかしいかも
しれないですね…

北海道ちほう

さっぽろゆきまつり

さっぽろしの 「大どおりこうえん」
などで ひらかれる、
ゆきと こおりの おまつりだよ。

夕ばりメロン

夕ばりしで おおく
とれる、中が オレンジ
いろの メロンだよ。
とても ジューシーで あまいんだ。

**北海道は、日本で いちばん
きたに ある とどうふけんで、
ひろさも いちばん！
その ひろさや しぜんを
生かして、おこめや
とうもろこし、ぎゅうにゅうなど
たくさんの のうさくぶつを
つくっているよ。**

一・二・日

月(がつ)　日(にち)

一
音 イチ・イツ
訓 ひと・ひとつ

◀なぞってみよう。

二
音 ニ
訓 ふた・ふたつ

◀なぞりながら、たりない　ところを　かこう。

日
音 ニチ・ジツ
訓 ひ・か

北海道(ほっかいどう)は、日本(にほん)　□(いち)　ひろい　とどうふけんなので、□(いち)　日(にち)で　まわるのは　むずかしい。

□(に)　月(がつ)には　「さっぽろ　ゆきまつり」が　ひらかれる。

北海道(ほっかいどう)の　□(ひ)　だかでは　こんぶが　とれる。

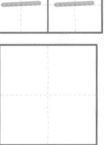

北海道(ほっかいどう)ちほう
東北(とうほく)ちほう
関東(かんとう)ちほう
中部(ちゅうぶ)ちほう
近畿(きんき)ちほう
中国(ちゅうごく)・四国(しこく)ちほう
九州(きゅうしゅう)・沖縄(おきなわ)ちほう

北海道ちほう かん字 田・夕・貝

月　日

田
- 音：デン
- 訓：た

夕
- 音：（セキ）
- 訓：ゆう

貝
- 音：
- 訓：かい

※（　）内に入っているよみは、中学校で習うものです。

北海道（ほっかいどう）の □（た）んぼで とれる おこめで いちばん おおく つくられている、「ななつぼし」。

□（ゆう）ばりメロンは 中（なか）が オレンジいろ。

北海道（ほっかいどう）は □（かい）の ぎょかくりょうが 日本一（にほんいち）。

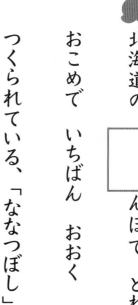

北海道(ほっかいどう)ちほう かん字(じ)

先・生・空

月(がつ)　日(にち)

先

音 セン

訓 さき

生

音 セイ・ショウ

訓 いきる・いかす・いける・うまれる・うむ・はえる・はやす・なま・(おう)・(き)

空

音 クウ

訓 そら・あく・あける・から

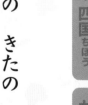

北海道(ほっかいどう)の　きたの　□(さき)に　あるのは　「そうやみさき」。

□(なま)キャラメルは　しんせんな　□(せい)にゅうと　□(なま)クリームを　つかっている。

北海道(ほっかいどう)の　「ほしに手(て)のとどくおか　キャンプじょう」は　まん天(てん)の　ほし□(ぞら)が　うつくしい。

北海道(ほっかいどう)ちほう
東北(とうほく)ちほう
関東(かんとう)ちほう
中部(ちゅうぶ)ちほう
近畿(きんき)ちほう
中国(ちゅうごく)・四国(しこく)ちほう
九州(きゅうしゅう)・沖縄(おきなわ)ちほう

北海道(ほっかいどう)ちほう かん字(じ)

五・小

月(がつ)　日(にち)

五

音 ゴ

訓 いつ・いつつ

小

音 ショウ

訓 ちいさい・こ・お

さくらの　名(めい)しょの　[ ](ご)りょうかくは　ほしの　かたちを　している。

北海道(ほっかいどう)の　[ ](しょう)学校(がっこう)は　なつ休(やす)みが　みじかい。

五(ご)りょうかく

えどじだいの　おわりに　はこだてしに　つくられた　おしろの　あと。となりの　タワーに　上(のぼ)ると、おしろの　ほしの　かたちを　上(うえ)から　見(み)る　ことが　できるよ。

生(なま)キャラメル

北海道(ほっかいどう)の　おみやげと　して　大人気(だいにんき)の　おかし！　ふつうの　キャラメルより　生(なま)クリームが　おおく　入(はい)っているよ。その　ぶん、とっても　やわらかくて　まろやかな　あじが　するんだ。

北海道(ほっかいどう)ちほう
東北(とうほく)ちほう
関東(かんとう)ちほう
中部(ちゅうぶ)ちほう
近畿(きんき)ちほう
中国(ちゅうごく)・四国(しこく)ちほう
九州(きゅうしゅう)・沖縄(おきなわ)ちほう

できたら　すごろくに　④の　シールを　はろう！

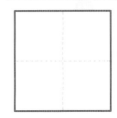

けいさん　かずを　かぞえよう！

北海道で　たべられる　おいしい　ものが　い〜っぱい！
いくつ　あるか　かぞえてね。

1  …………… □

2  ……… □

3  …… □

4  □

5  ………… □

6  …… □

7  …… □

かずくらべ！

月　日

かずが　おおいのは　どっち？
おおい　ほうを　○で　かこんでね。

1

2
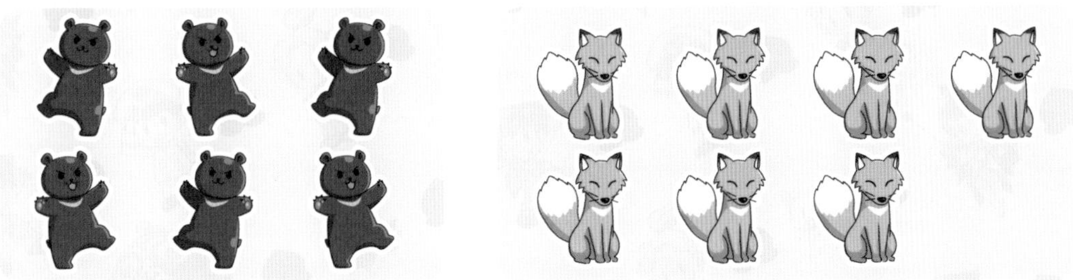

どっちの　かずが　大きいかな？　大きい　ほうの　かずを　□に
すう字で　かいてね。

1

□

2

□

ボンビーチャレンジ!!

0と　1は　どちらが　大きいかな？　□に
大きい　ほうの　すう字を　かこう！

□

北海道ちほう 比較能力

おなじ シャチを さがそう!

月　日

せかいしぜんいさんの　しれとこでは　シャチが　見られるよ。
見本と　おなじ　シャチを　えらんで　○を　つけよう!

見本

北海道ちほう 比較能力

まちがいさがし!

月　日

「さっぽろしとけいだい」に　きた　ももたろう。
きねんしゃしんを　2まい　とったら、ちがう　ところが　5つ　あったよ。

ちがいを
見つけて
左の　えの
中に　○を
つけよう!

北海道ちほう

図形認識能力

ちけいパズル！

月　日

3つ　くみあわせると、北海道の　かたちに　なるのは　どれかな？
3つ　えらんで、◯で　かこんでね。

北海道ちほう

識別力

おみやげあてゲーム!!

月　日

北海道で　かった
おみやげが　バッグに
入っているよ。
なにを　かったか
下から　6つ　さがして、
◯で　かこんでね。

メロン	スイカ	木ぼりの くま	ねこの ぬいぐるみ	ぎゅうにゅう
カニ	エビ	ホタテ貝	イクラ	クッキー

北海道(ほっかいどう)ちほうの こたえ

10ページ

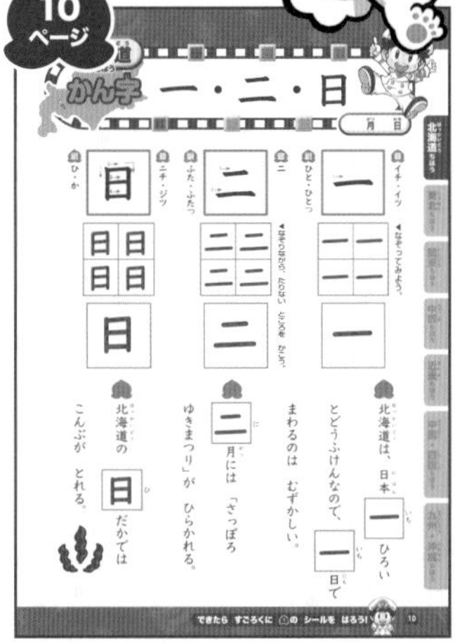

11ページ

12ページ

13ページ

14ページ

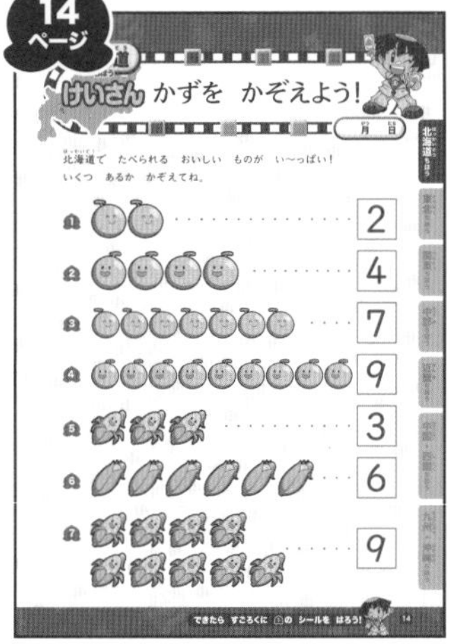

15ページ

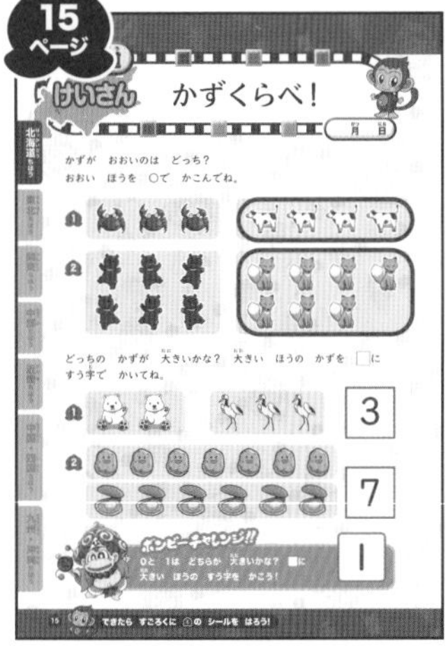

16ページ

17ページ

北海道(ほっかいどう)ちほう
東北(とうほく)ちほう
関東(かんとう)ちほう
中部(ちゅうぶ)ちほう
近畿(きんき)ちほう
中国(ちゅうごく)・四国(しこく)ちほう
九州(きゅうしゅう)・沖縄(おきなわ)ちほう

東北ちほう

たてに　ながい　東北ちほう。ふゆは　とても　さむい。
まん中に　つらなる　おうう山みゃくを
はさんで、日本かいがわは　ゆきが　おおく、
たいへいようがわは　はれの　日が　おおいと　いう
ちがいが　あるよ。

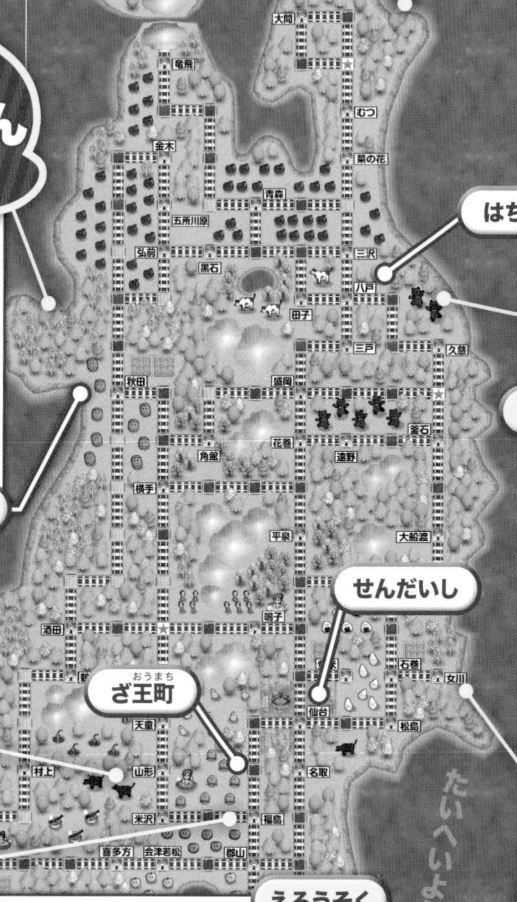

青森けん

青森りんご

青森は　りんごの　生さん
りょう　日本一。「つがる」や
「ふじ」が　人気だよ!

秋田けん

男がしで　大みそ日の
よるに　いえを　まわり、
ほうさくなどを　いのるよ。

なまはげ

岩手けん

わんこそば

おわんに　なげこまれる
一口ぶんの　そばを
つぎつぎと　たべるよ。

山形けん

宮城けん

福島けん

えろうそく

500年の　れきしを
もつ、ろうそくに
えを　かいた
あいづちほうの
こうげいひん。

かん字 森・赤・火

月　日

森
音 シン
訓 もり

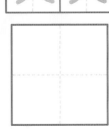

赤
音 セキ・(シャク)
訓 あか・あかい・あからむ・あからめる

※(　)内に入っているよみは、高校で習うものです。

火
音 カ
訓 ひ・(ほ)

青(あお)□(もり)けんは りんごが ゆう名(めい)。

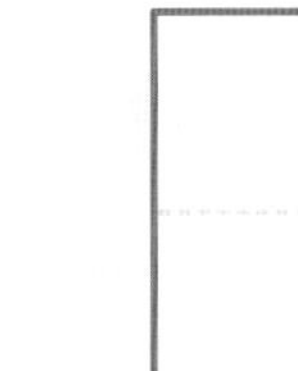

山形(やまがた)けんの 名(めい)さんひんは、□(あか)い さくらんぼ。

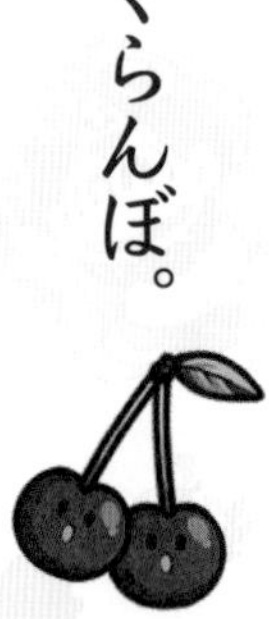

おぼんには、あいづの えろうそくに □(ひ)を ともし、そなえる。

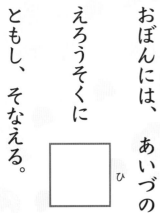

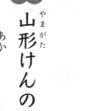

かん字(じ) 七・八・月

月(がつ)　日(にち)

北海道(ほっかいどう)ちほう
東北(とうほく)ちほう
関東(かんとう)ちほう
中部(ちゅうぶ)ちほう
近畿(きんき)ちほう
中国(ちゅうごく)・四国(しこく)ちほう
九州(きゅうしゅう)・沖縄(おきなわ)ちほう

七
音 シチ
訓 なな・ななつ・なの

八
音 ハチ
訓 や・やつ・やっつ・よう

月
音 ゲツ・ガツ
訓 つき

一月(いちがつ)［なの］日(か)には［なな］草(くさ)がゆを　たべるが、山形(やまがた)では　なっとうじるを　たべる。

青森(あおもり)の［はち］のへは、イカの　ぎょかくりょうが　日本一(にほんいち)。

せんだいの　おかし「はぎの［つき］」は　あまくて　おいしい。

できたら　すごろくに　⑩の　シールを　はろう!

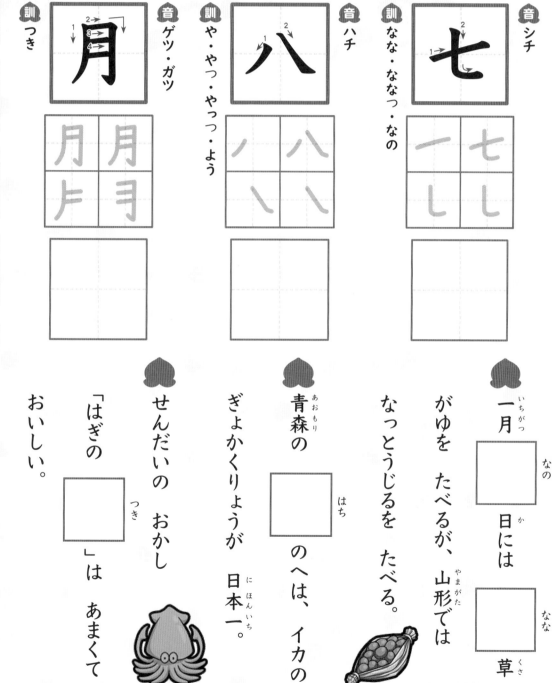

かん字（じ） 手・立・休

月（がつ）　日（にち）

手

音　シュ

訓　て・（た）

立

音　リツ・（リュウ）

訓　たつ・たてる

休

音　キュウ

訓　やすむ・やすまる・やすめる

岩（いわ）［　］（て）の 名（めい）ぶつの わんこそばは、ふたを するまで ずっと おかわりが つづく。

秋田（あきた）の 男（お）がして ナマハゲが ［　］（た）っていた。

ずんだもちを たべに きたが、あいにく おみせが ［　］（やす）みだった。

東北ちほう かん字

村・本

がつ　にち
月　日

村　音 ソン　訓 むら

本　音 ホン　訓 もと

村 村 村 村

本 本 本 本

ざ王に　ある　キツネ［村（むら）］は、
百ぴき　い上の　キツネが
見られる　どうぶつえん。

『ぎんがてつどうの　よる』などの
［本（ほん）］を　かいた　みやざわ
けんじは　岩手けんの　出しん。

さくらんぼ

山形けんは　さくらんぼの
生さんりょう　日本一！
とくに　ひがしねしで　とれる
「さとうにしき」は、あまさ
たっぷりで、「さくらんぼの
王さま」と　よばれているんだ。

ずんだもち

すりつぶした　えだまめを
あまくして　まぶした
おもち。「ぎゅうタンやき」
「ささかまぼこ」と　ならんで、
宮城けん　せんだいしで
よく　たべられるんだ。

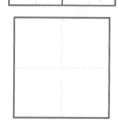

北海道ちほう
東北ちほう
関東ちほう
中部ちほう
近畿ちほう
中国・四国ちほう
九州・沖縄ちほう

2つの すう字で たしざん！

月　日

たしざんの　けいさんだよ。しきに　かかれている　すう字も　なぞろう！

1. 2 + 4 = □
2. 5 + 3 = □
3. 3 + 1 = □
4. 7 + 2 = □
5. 3 + 0 = □
6. 5 + 0 = □
7. 1 + 2 = □
8. 4 + 4 = □

東北ちほうには、
6つの　けんが　あるよ！

青森けんの　八のへは
せんべいじるが
ゆう名だね！

1984年に
デビューした　おこめ、
「あきたこまち」は
おいしいね！

宮城けんの
でんとうこけしは、
日本三大こけしの
1つだよ！

わかめが　とれる　りょうは、
岩手けんが　ぜんこく　1い、
宮城けんが　ぜんこく
2いだよ！

できたら　すごろくに　⑬の　シールを　はろう！

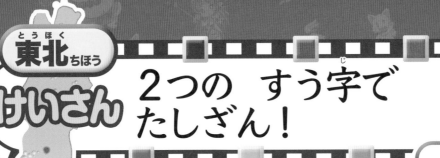

けいさん 10に なる たしざん!

月　日

2つの　すう字を　たして、10に　なる　しきを　つくろう!

(れい)

1+9=10　9+1=10

1と　9を　入れかえると、2つの　しきが　できるね!

1	+		=	10
2	+		=	10
3	+		=	10
4	+		=	10
5	+		=	10
6	+		=	10
7	+		=	10

10が　できる　すう字は、1と　9の　ほかに　なにが　あるのかな?

ボンビーチャレンジ!!

2つの　すう字を　たして　10に　なる　しきを　もっと　つくろう!

	+	4	=	10
	+	7	=	10
	+	2	=	10
	+	3	=	10

東北(とうほく)ちほう

比較能力　ねぶたを　くみ立(た)てよう!

月(がつ)　日(にち)

ねぶたまつりに　きた　ももたろう。
ぶひんを　くみ立(た)てて　できる
ねぶたは、どれかな？　正(ただ)しい
ものを　◯で　かこもう。

ぶひん

東北(とうほく)ちほう

比較能力　おこめを　わけよう!

月(がつ)　日(にち)

れいの　ように　東北(とうほく)　名(めい)さんの
赤(あか)い　たわらの　おこめと
青(あお)い　たわらの　おこめが
１つずつ　入(はい)るように、まっすぐの
せんを　１本(ぽん)　かいて　わけよう。

れい

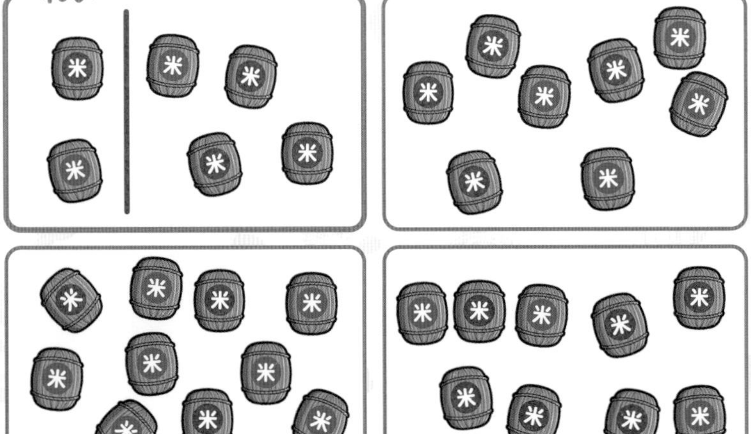

北海道(ほっかいどう)ちほう
東北(とうほく)ちほう
関東(かんとう)ちほう
中部(ちゅうぶ)ちほう
近畿(きんき)ちほう
中国(ちゅうごく)・四国(しこく)ちほう
九州(きゅうしゅう)・沖縄(おきなわ)ちほう

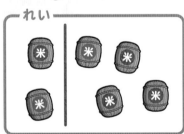

東北ちほう

図形認識能力　いちを　くらべよう！

月　　日

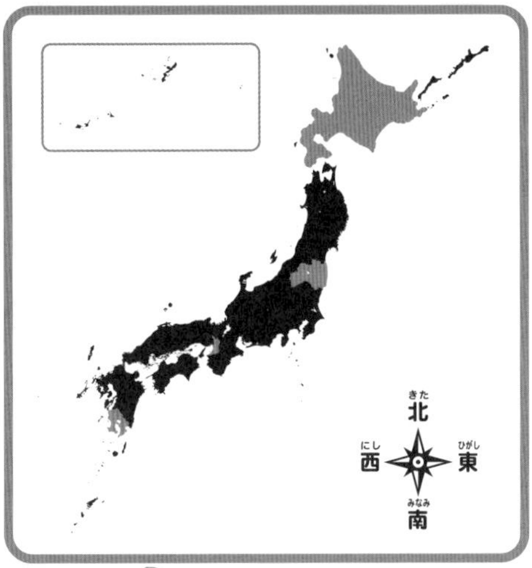

きたから　じゅんに、【　　】に
1から　4まで　すう字を　かいてね。

鹿児島けん【　　】 

福島けん【　　】 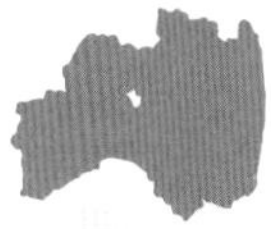

大阪ふ【　　】 

北海道【　　】 

東北ちほう

数的能力／観察力　かずを　あわせよう！

月　　日

左右の　えの　かずが　いっしょなら　えに ◯、ちがっていたら
右と　左とで　どちらが　なんこ　おおいか かずを【　　】に　かこう。

1 青森の　りんご

【左・右】が【　　】こ　おおい

2 山形の　さくらんぼ

【左・右】が【　　】ふさ　おおい

※ 🍒が　ひとふさだよ。

東北(とうほく)ちほうの こたえ

22ページ

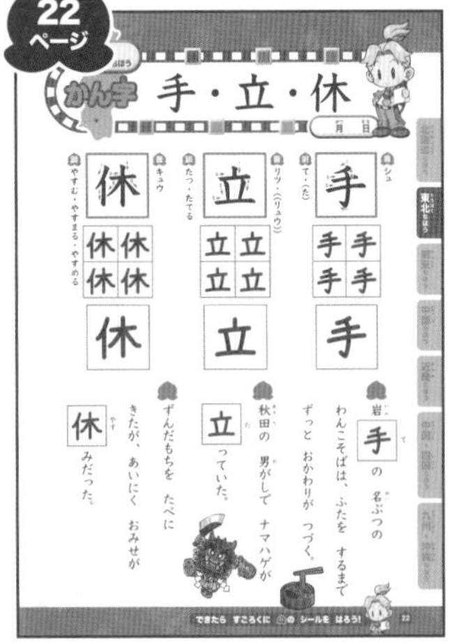
かん字 手・立・休

手 立 休

岩手の 名ぶつの わんこそばは、ふたを するまで ずっと おかわりが つづく。

秋田の 男が して ナマハゲが 立っていた。

ずんだもちを たべに きたが、あいにく おみせが 休みだった。

できたら すごろくに のシールを はろう!

21ページ

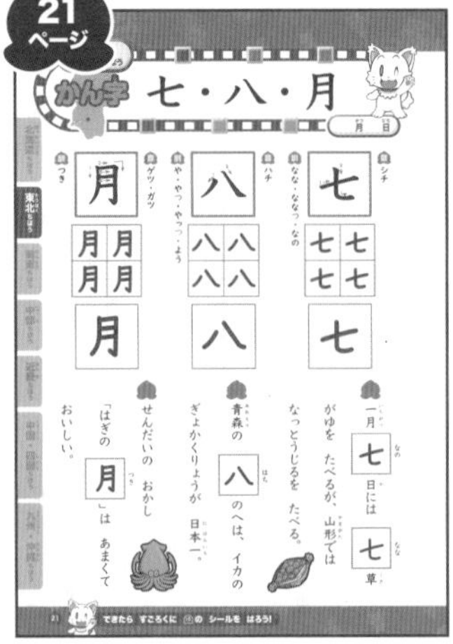
かん字 七・八・月

七 八 月

一月 七日には 七草がゆを たべるが、山形では なっとうじるを たべる。

青森の 八のへは、イカの ぎょかくりょうが 日本一。

せんだいの おかし 「はぎの 月」は あまくて おいしい。

できたら すごろくに のシールを はろう!

20ページ

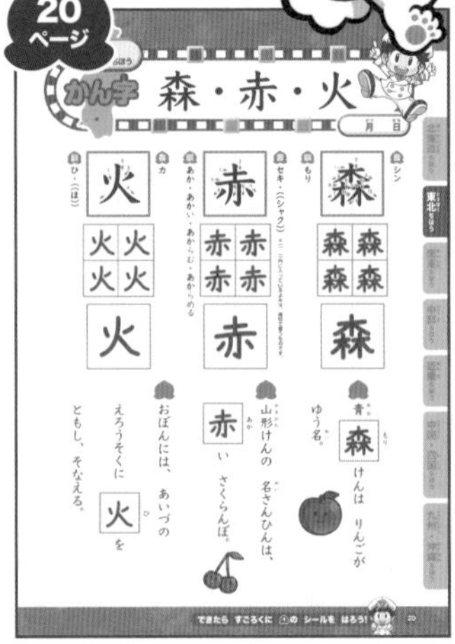
かん字 森・赤・火

森 赤 火

青森けんは りんごが ゆう名。

山形けんの 名さんひんは、赤い さくらんぼ。

おぼんには、あいづの えろうそくに 火を ともし、そなえる。

できたら すごろくに のシールを はろう!

25ページ

けいさん 10に なる たしざん!

2つの すう字を たして、10に なる しきを つくろう!

(れい) 1+9=10 9+1=10

1+9=10
2+8=10
3+7=10
4+6=10
5+5=10
6+4=10
7+3=10

6+4=10
3+7=10
8+2=10
7+3=10

できたら すごろくに のシールを はろう!

24ページ

けいさん 2つの すう字で たしざん!

たしざんの けいさんだよ。しきに かかれている すう字も なぞろう!

1 2+4=6
2 5+3=8
3 3+1=4
4 7+2=9
5 3+0=3
6 5+0=5
7 1+2=3
8 4+4=8

できたら すごろくに のシールを はろう!

23ページ

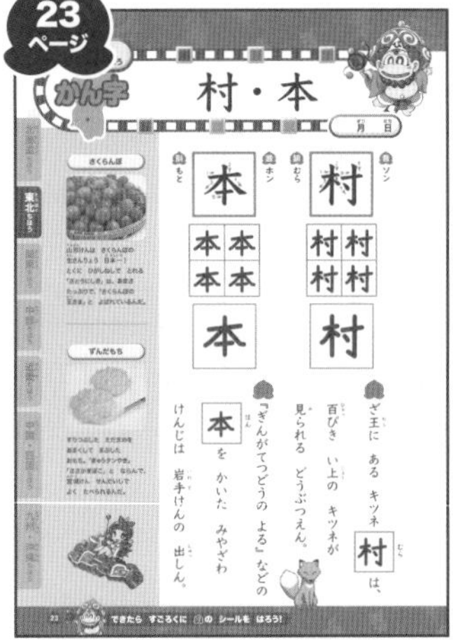
かん字 村・本

村 本

ざ王に ある キツネ村は、百びき 以上の キツネが 見られる どうぶつえん。

「ぎんがてつどうの よる」などの 本を かいた みやざわ けんじは 岩手けんの 出しん。

できたら すごろくに のシールを はろう!

27ページ

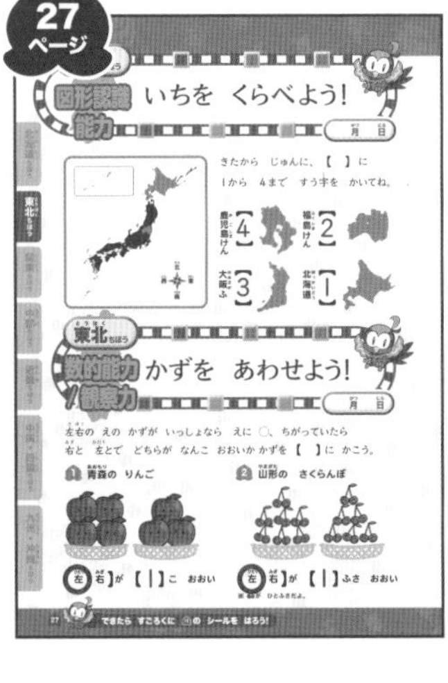
図形認識能力 いちを くらべよう!

きたから じゅんに、【 】に 1から 4まで すう字を かいてね。

【4】 鹿児島けん 【2】 福島けん
【3】 大阪ふ 【1】 北海道

東北ちほう 数的能力/観察力 かずを あわせよう!

左右の えの かずが いっしょなら えに ○、ちがっていたら 右と 左とで どちらが なんこ おおいか かずを 【 】に かこう。

1 青森の りんご 2 山形の さくらんぼ

左 右が 【1】こ おおい 左 右が 【1】ふさ おおい

できたら すごろくに のシールを はろう!

26ページ

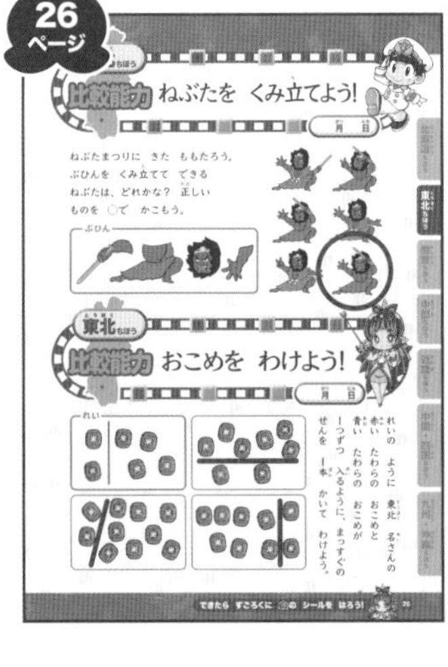
比較能力 ねぶたを くみ立てよう!

ねぶたまつりに きた ももたろう。ぶひんを くみ立てて できる ねぶたは、どれかな? 正しい ものを ○で かこもう。

東北ちほう 比較能力 おこめを わけよう!

れいの ように 東北 名さんの 赤い たわらの おこめと 青い たわらの おこめが 1つずつ 入るように、まっすぐの せんを 一本 かいて わけよう。

できたら すごろくに のシールを はろう!

関東ちほう

日本の　人口の　おおよそ　3ぶんの1が　しゅう中している、せいじや　けいざいの　中しんち。「かんとうへいや」と　いう　ひろくて　たいらな　土ちが　ひろがっているよ。

日こうとうしょうぐう

栃木けん　日こうしに　ある　じんじゃ。木ぼりの　「三ざる」が　ゆう名だよ。

群馬けん

栃木けん

茨城けん

とみおかせい糸じょう

画像提供／富岡市

日本で　はじめて　本かくてきに　きかいで　糸を　つくった　こうじょうだよ。

とね川

新潟けんから　茨城けんまでを　ながれる　大きな　川。日本一の　ひろさを　ほこるんだ。

草つ町

ひ川じんじゃ

さいたましに　ある　じんじゃ。ちかくに　「てつどう　はくぶつかん」も　あるぞ。

りょうごくこくぎかん

東京と　すみ田くに　ある　大ずもうの　ための　しせつだよ。

八王子し

上の

なり田し

はこね町

埼玉けん

神奈川けん

東京と

千葉けん

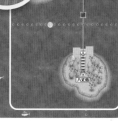

赤いくつをはいたしょう女ぞう

どうよう「赤い　くつ」を　もとに、よこはまの　山下こうえんに　たてられた　どうぞう。

らっ花生

千葉けん　八ちまたしは　らっ花生の　生さんりょう　日本一なんだ。

花・早・草

月（がつ）　日（にち）

花
音 カ
訓 はな

早
音 ソウ・（サッ）
訓 はやい・はやまる・はやめる

草
音 ソウ
訓 くさ

千葉（ちば）けんは　らっ［か］生（せい）の
生（せい）さんりょうが　ぜんこく　一（いち）い。

日本（にほん）で　いちばん
日（ひ）の出（で）が［はや］いのは　東京（とうきょう）の
「みなみとりしま」。

［くさ］つおんせんは、
ありまおんせん、下（げ）ろおんせんと
ならぶ「日本三大名（にほんさんだいめい）せん」だ。

北海道（ほっかいどう）ちほう
東北（とうほく）ちほう
関東（かんとう）ちほう
中部（ちゅうぶ）ちほう
近畿（きんき）ちほう
中国（ちゅうごく）・四国（しこく）ちほう
九州（きゅうしゅう）・沖縄（おきなわ）ちほう

かん字 王・千・正

月　日

北海道ちほう
東北ちほう
関東ちほう
中部ちほう
近畿ちほう
中国・四国ちほう
九州・沖縄ちほう

王
音 オウ

千
音 セン
訓 ち

正
音 セイ・ショウ
訓 ただしい・ただす・まさ

八□(おう)子しの　たかお山は、こうようが　きれいだ。

□(ち)葉けんに　ある「なり田こくさい空こう」からは　まい日　たくさんの　ひこうきが　とんでいる。

お□(しょう)月は　埼玉けんの　ひ川じんじゃに　いく。

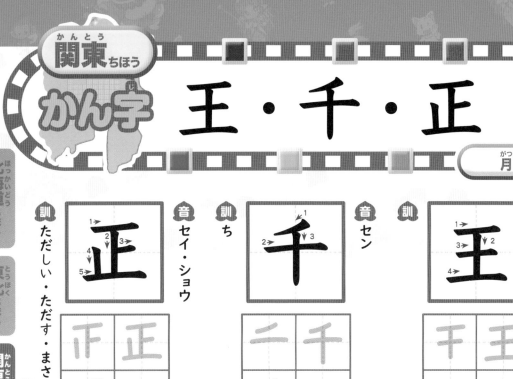

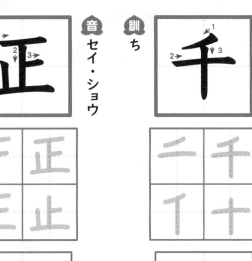

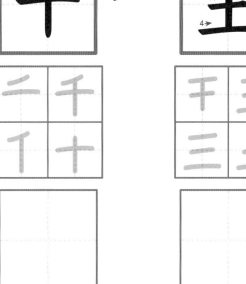

見・糸・年

月　日

見
音 ケン
訓 みる・みえる・みせる

糸
音 シ
訓 いと

年
音 ネン
訓 とし

「日こうとうしょうぐう」には、「［み］ざる」「きかざる」「いわざる」の三ざるが ある。

せかいいさんの「とみおか せい［し］じょう」に いった。

まい［とし］お正月に、東京と はこね町を おうふくする はこねえきでんが ひらかれる。

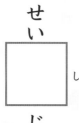

北海道ちほう
東北ちほう
関東ちほう
中部ちほう
近畿ちほう
中国・四国ちほう
九州・沖縄ちほう

かん字 川・女・力

月　日

川
音 （セン）
訓 かわ

女
音 ジョ・（ニョ）・（ニョウ）
訓 おんな・め

力
音 リョク・リキ
訓 ちから

とね□(がわ)では、□(かわ)下りを たいけんできる。

よこはまには、どうよう「あかい くつ」の □(おんな)の子の ぞうが ある。

「りょうごくこくぎかん」は、□(りき)したちに とって あこがれの ばしょだ。

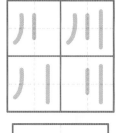

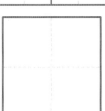

関東ちほう けいさん

2つの すう字で ひきざん!

月　日

ひきざんの　けいさんだよ。
しきに　かかれている　すう字も　なぞろう!

1. 6 − 1 = □
2. 8 − 7 = □
3. 9 − 2 = □
4. 10 − 4 = □
5. 8 − 3 = □
6. 7 − 5 = □
7. 6 − 3 = □
8. 10 − 9 = □

関東ちほうには、6つの　けんと　1つの　とが　あるよ!

千葉けんは、かぶの　生さんりょう　日本一!

茨城けんで　とれる　トマトの　りょうは、日本ぜんたいの　およそ7%! 日本で　3ばん目に　おおく　つくられているよ。

らっ花生の　ぜんこくの　生さんりょうの　うち　千葉けんが　83%、茨城けんでは　10%も　つくられているよ! ほとんどが　関東ちほうで　つくられて　いるんだね。

東京との　中しんは、23くに　わかれているよ!

群馬けんの　草つおんせんから、しぜんに　わき出ている　おゆの　りょうは　日本一!

関東ちほう

けいさん

レベルアップ ひきざん！

□に 入るのは？

月　日

（れい）のように、ひきざんの しきを 見て、□に 入る すう字を かこう！

（れい）

7 − □ ＝ 5	7−5を すれば いいね！ だから こたえは 2！
□ − 5 ＝ 3	3+5を すれば いいね！ だから こたえは 8！

① 5 − □ ＝ 4

② 6 − □ ＝ 3

③ □ − 5 ＝ 5

④ □ − 8 ＝ 1

⑤ 7 − □ ＝ 7

関東ちほうには、
うみが ない とどうふけんが
3つ あるよ！

だね！

ボンビーチャレンジ!!

4 − □ ＝ 4 ｜ 0 − □ ＝ 0

関東ちほう 推理能力

ももたろうたちが たべたいのは!?

月　日

ももたろうと　やしゃひめが　たべたい　りょうりは　どれかな？　テーブルの　上に　ある　りょうりの　中から　ももたろうの　たべたい りょうりを　○、　やしゃひめが　たべたい　りょうりを　□で　かこんでね。

キャベツや　イカが　入ってるよ。ぎんいろの　どうぐで　きって　たべるよ。てっぱんの　上に　のっていて　あついから、気を　つけて！

さかなを　つかって　いるよ。おさらの　上に　7こ　のっているよ。手まえには　しょうゆ　が　あるよ。

関東ちほう 図形表現能力

ひっくりかえして かこう!

月　日

左に　かいてある　えを　――で　ひっくりかえして、右がわに　かいてね。えが　かんせいするよ！

1

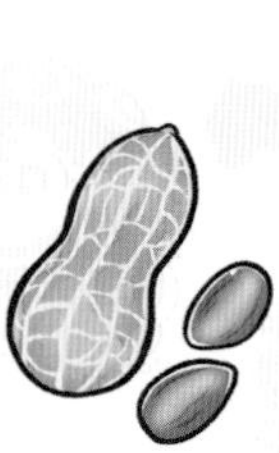

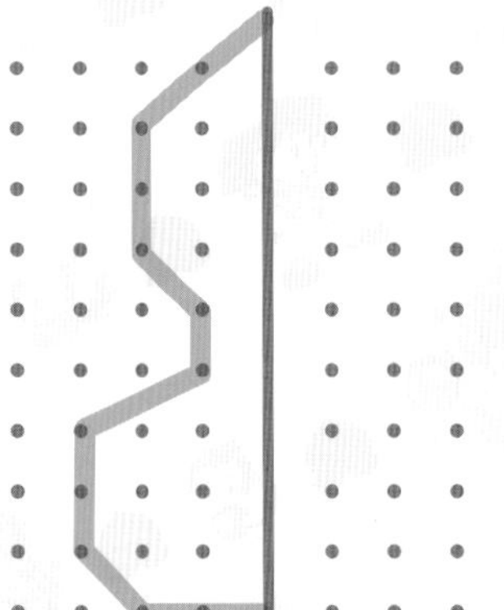

2

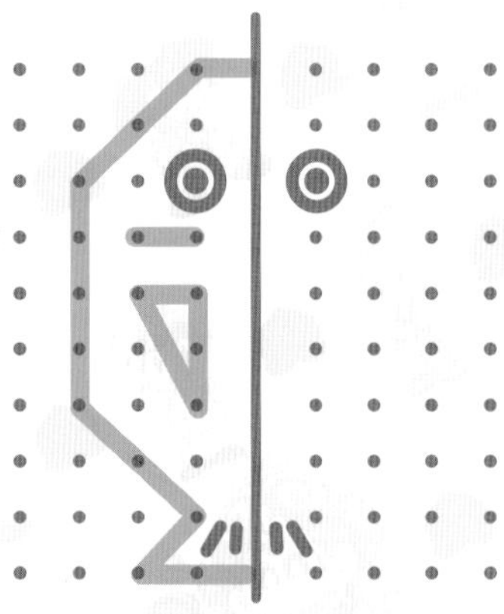

比較能力 ひな人ぎょうを あてろ!!

月 日

見本と おなじ かっこうを
している おひなさまと
おだいりさまを ひとりずつ
えらんで ◯で
かこんでね。

比較能力 どうぶつの かげは!?

月 日

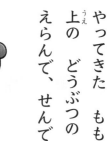

「上のどうぶつえん」に
やってきた ももたろう。
上の どうぶつの かげを 下から
えらんで、せんで むすんでね。

北海道ちほう
東北ちほう
関東ちほう
中部ちほう
近畿ちほう
中国・四国ちほう
九州・沖縄ちほう

関東(かんとう)ちほうの こたえ

32 ページ

かん字 見・糸・年

「日こうとうしょうぐう」には、「見ざる」「きかざる」「いわざる」の 三ざるが ある。

せかいいさんの 「とみおか せい糸じょう」に いった。

まい年 お正月に、東京と はこね町を おうふくする はこねえきでんが ひらかれる。

31 ページ

かん字 王・千・正

八王子の たかお山は、こうようが きれいだ。

千葉けんに ある 「なり田こくさい空こう」からは まい日 たくさんの ひこうきが とんでいる。

お正月は 埼玉けんの ひ川じんじゃに いく。

30 ページ

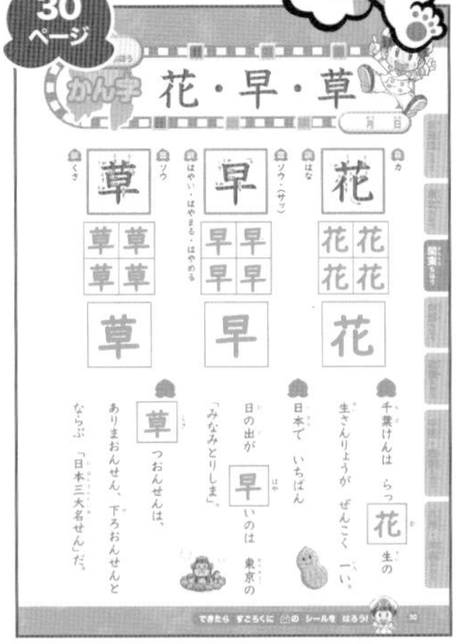
かん字 花・早・草

千葉けんは らっ花生の 生さんりょうが ぜんこく 一い。

日本で いちばん 日の出が 早いのは 東京の 「みなみとりしま」。

草つおんせんは、ありまおんせん、下呂おんせんと ならぶ 「日本三大名せん」だ。

35 ページ

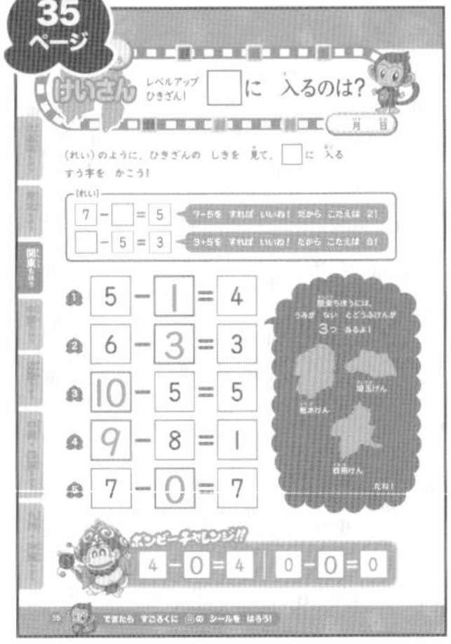
けいさん レベルアップ ひきざん! □に 入るのは?

(れい)のように、ひきざんの しきを 見て、□に 入る すう字を かこう!

1. 5－1＝4
2. 6－3＝3
3. 10－5＝5
4. 9－8＝1
5. 7－0＝7

ボンビーチャレンジ!! 4－0＝4　0－0＝0

34 ページ

けいさん 2つの すう字で ひきざん!

ひきざんの けいさんだよ。しきに かかれている すう字を なぞろう!

1. 6－1＝5
2. 8－7＝1
3. 9－2＝7
4. 10－4＝6
5. 8－3＝5
6. 7－5＝2
7. 6－3＝3
8. 10－9＝1

33 ページ

かん字 川・女・力

とね川では、川下りを たいけんできる。

よこはまには、どうよう 「あかい くつ」の 女の子の ぞうが ある。

「りょうごくこくぎかん」は、力したちに とって あこがれの ばしょだ。

37 ページ

比較能力 ひな人ぎょうを あてろ!!

比較能力 どうぶつの かげは!?

36 ページ

推理能力 ももたろうたちが たべたいのは!?

図形表現能力 ひっくりかえして かこう!

中部ちほう

上すぎけんしん

せんごくじだいに
新潟など　ほくりくを
しはいした　ぶしょう。

「日本の　やね」とも　いわれる
日本アルプスが　まん中に
そびえ立つ　中部ちほう。
中でも　日本かいがわを
「ほくりく」、たいへいようがわを
「とうかい」と　よぶよ。

ゆう名な　おんせん。
「ふんせんち」と
いう　むりょうの
足ゆも　あるよ。

下ろおんせん

ドラえもん生たん
100年まえを　きねん
して　つくられた、
たかおかしを
はしる　ろめんでん車。

©Fujiko-Pro

ドラえもんトラム

けん六えん

石川けん　金ざわしに
ある　日本ていえん。
いけが　とても
きれいだ。

ひだ山みゃく・木そ山
みゃく・赤石山みゃく
から　なる、たかく
うつくしい　山やまの
ことだよ。

日本アルプス

ふじ山

日本で　いちばん
たかい　山。その
たかさは　なんと
やく 3776メートル！

きょうりゅうはくぶつかん

せかい　三大
きょうりゅうはくぶ
つかんの　1つ。
か石　はっくつ
たいけんも　できる。

金の　しゃちほこ

名ごやしの　おしろ
名ごやじょうの
シンボル。金いろに
かがやいているぞ。

音・天・六

月（がつ）　日（にち）

音
音　オン・（イン）
訓　おと・ね

天
音　テン
訓　（あめ）・あま

六
音　ロク
訓　む・むっ・むっつ・むい

□（おん）がくしつに　ある　ピアノは、静岡（しずおか）で　つくられた　ものらしい。

日本（にほん）で　いちばん　空（そら）に　ちかい　長野（ながの）の　□（あま）の川（がわ）は　うつくしい。

石川（いしかわ）に　ある　「けん□（ろく）えん」は、「日本三名（にほんさんめい）えん」の　一つ。

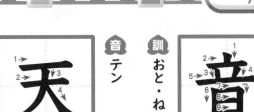

北海道（ほっかいどう）ちほう
東北（とうほく）ちほう
関東（かんとう）ちほう
中部（ちゅうぶ）ちほう
近畿（きんき）ちほう
中国（ちゅうごく）・四国（しこく）ちほう
九州（きゅうしゅう）・沖縄（おきなわ）ちほう

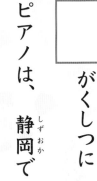

中部ちほう かん字 山・名・車

月　日

山　音 サン　訓 やま

名　音 メイ・ミョウ　訓 な

車　音 シャ　訓 くるま

ふじ□（さん）は　静岡と　山梨に　またがる　日本一　たかい　□（やま）。

□（な）ごやじょうは　金の　しゃちほこが　ゆう□（めい）。

富山には　ドラえもんの　でん□（しゃ）が　はしっている。

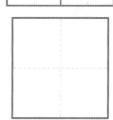

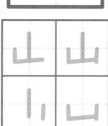

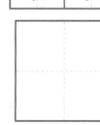

雨・目・九

月　日

雨
音 ウ
訓 あめ・あま

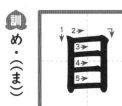

目
音 モク・（ボク）
訓 め・（ま）

九
音 キュウ・ク
訓 ここの・ここのつ

「金ざわ21せいき びじゅつかん」は □（あめ） でも たのしめる。

こんかいの たびの □（もく） てきちは、福井の 「きょうりゅうはくぶつかん」だ。

石川の □（く） たにやきは、 うつくしい。

北海道ちほう
東北ちほう
関東ちほう
中部ちほう
近畿ちほう
中国・四国ちほう
九州・沖縄ちほう

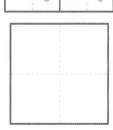

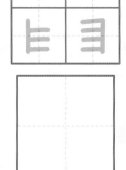

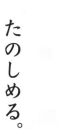

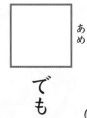

かん字 上・中・下

月　日

上
音 ジョウ・（ショウ）
訓 うえ・うわ・かみ・あげる・あがる・のぼる・（のぼせる・のぼす）

中
音 チュウ・ジュウ
訓 なか

下
音 カ・ゲ
訓 した・しも・さげる・さがる・くだる・くだす・くださる・おろす・おりる・（もと）

せんごくじだいの ぶしょう、□（うえ）すぎけんしんは、新潟（にいがた）出（しゅっ）しんだ。

山梨（やまなし）の 山（やま）□（なか）こには ふゆに なると 白（はく）ちょうが やってくる。

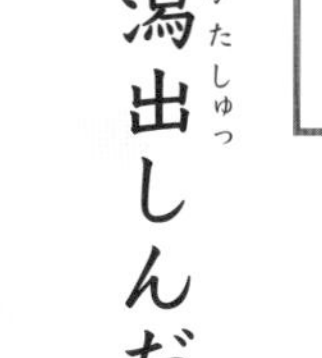

岐阜（ぎふ）の □（げ）ろおんせんでは 足（あし）ゆも たのしめる。

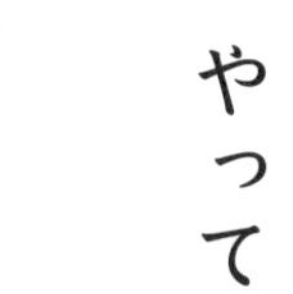

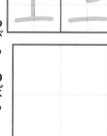

10を こえる たしざん！

月　日

こたえが　10を　こえる　たしざんだよ。
しきに　かかれている　すう字も　なぞろう！

1. 9 + 3 = □
2. 10 + 9 = □
3. 7 + 5 = □
4. 10 + 4 = □
5. 8 + 3 = □
6. 9 + 6 = □
7. 7 + 5 = □
8. 10 + 8 = □

中部ちほうには、9つの　けんが　あるよ！

岐阜けんの　しら川ごうの　「がっしょうづくりしゅうらく」は　1995年に　せかいいさんに　とうろくされたよ！

愛知けんの　めいじむらでは、めいじじだい（1868年～1912年）の　日本を　たのしめるよ！

長野けんは、8つの　けんと　となりあっているよ。これは　日本で　いちばん　おおいのだ！

新潟けんで　見られる　トキは、たいちょう　やく　75cmなんだって！

北海道ちほう
東北ちほう
関東ちほう
中部ちほう
近畿ちほう
中国・四国ちほう
九州・沖縄ちほう

中部ちほう
けいさん

3つの すう字で たしざん！

月　日

すう字を　3つ　たして、こたえを　出そう！

1 6 ＋ 4 ＋ 5 ＝ □

2 7 ＋ 3 ＋ 2 ＝ □

3 8 ＋ 3 ＋ 5 ＝ □

4 1 ＋ 7 ＋ 4 ＝ □

5 2 ＋ 0 ＋ 9 ＝ □

山梨けんでは、やく120年まえから　ももが　つくられているんだって！

静岡けんで　ゆう名な　おちゃ。ちゃつみは、4月〜5月におこなわれるよ！

ボンビーチャレンジ!!

4 ＋ 5 ＋ 8 ＝ □

中部ちほう

言語比較 ことばを　あつめよう！

月　日

1～4の　それぞれから、
1つだけ　ちがう
ひらがなを　見つけて、
下の　1～4に
1文字ずつ　入れよう。
なにけんに　なるかな？

1

りりりりりりりりりり
りりりりりりりりりり
りりりりりりりいりり
りりりりりりりりりり
りりりりりりりりりり
りりりりりりりりりり
りりりりりりりりりり
りりりりりりりりりり
りりりりりりりりりり
りりりりりりりりりり

2

じじじじじじじじじじ
じじじじじじじじじじ
じじじじじじじじじじ
じじじじじじじじじじ
じじじじじじじじじじ
じじじじじじじじじじ
じじじじじじじじじじ
じじじじしじじじじじ
じじじじじじじじじじ
じじじじじじじじじじ

3

やややややややややや
やややややややややや
やややややややややや
やややややややややや
やややややややややや
やややややややややや
やややややややかやや
やややややややややや
やややややややややや
やややややややややや

4

れれれれれれれれれれ
れれれれれれれれれれ
れれれれわれれれれれ
れれれれれれれれれれ
れれれれれれれれれれ
れれれれれれれれれれ
れれれれれれれれれれ
れれれれれれれれれれ
れれれれれれれれれれ
れれれれれれれれれれ

「【1　】【2　】【3　】【4　】けんに　りょこうに　いった。」

中部ちほう

言語 想像力 ずけいを　まわすと…!?

月　日

下の　ずけいを　まん中の　せんで　かいてんさせると、かん字が
うかび上がるよ。3つの　かん字を　つなげて、【　】に　入れよう。

1

2

3
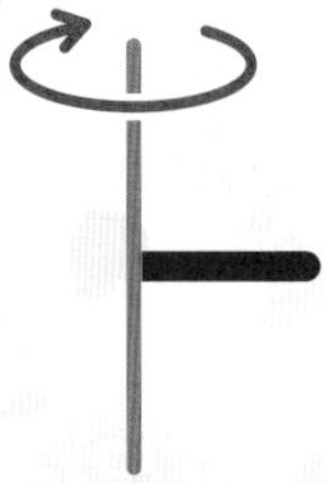

「ふじ山は　【1　】【2　】【3　】大きな　山。」

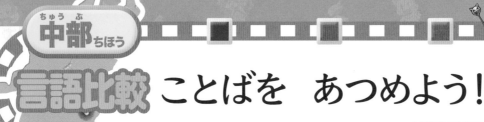

北海道ちほう
東北ちほう
関東ちほう
中部ちほう
近畿ちほう
中国・四国ちほう
九州・沖縄ちほう

空間認識 ふえた ブロック!

月(がつ)　日(にち)

ブロックの　かずが、
ふえちゃったぞ。
いくつ　ふえたか、かずを
【　】に かこう。

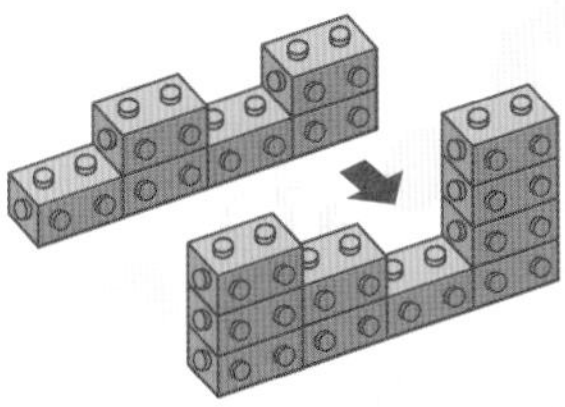

【　　】コ

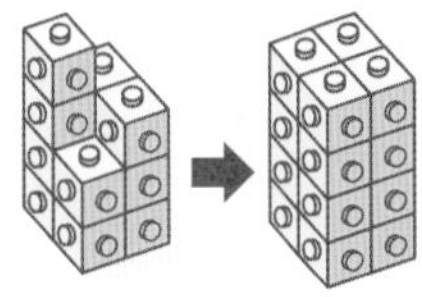

【　　】コ

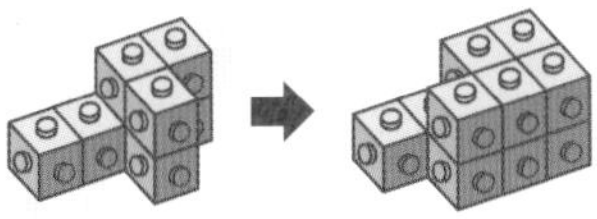

【　　】コ

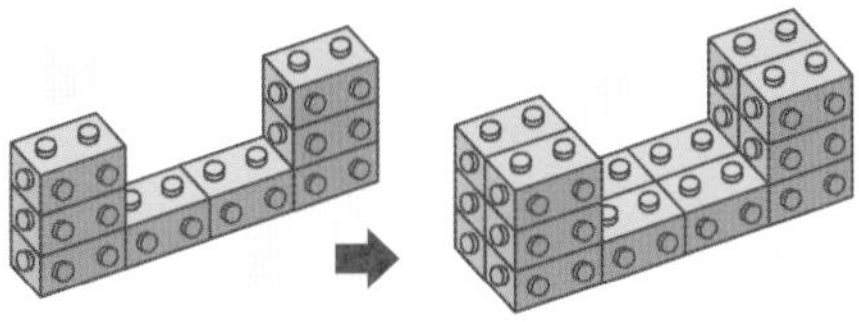

【　　】コ

図形構成力 けんの　マークを　つくろう!

月(がつ)　日(にち)

けんの　マーク＝「けんしょう」は　つぎの　どの　かたちを　つかって
できているかな?　つかっていない　かたちを　◯で　かこんでね。

1 長野(ながの)けん

2 福井(ふくい)けん

北海道(ほっかいどう)ちほう
東北(とうほく)ちほう
関東(かんとう)ちほう
中部(ちゅうぶ)ちほう
近畿(きんき)ちほう
中国(ちゅうごく)・四国(しこく)ちほう
九州(きゅうしゅう)・沖縄(おきなわ)ちほう

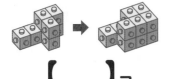

中部ちほうのこたえ

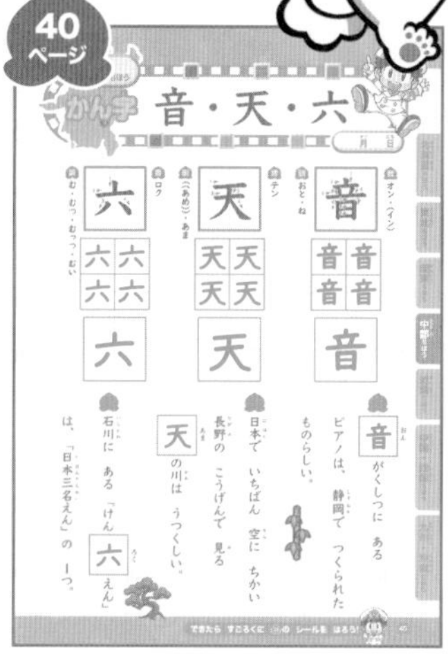

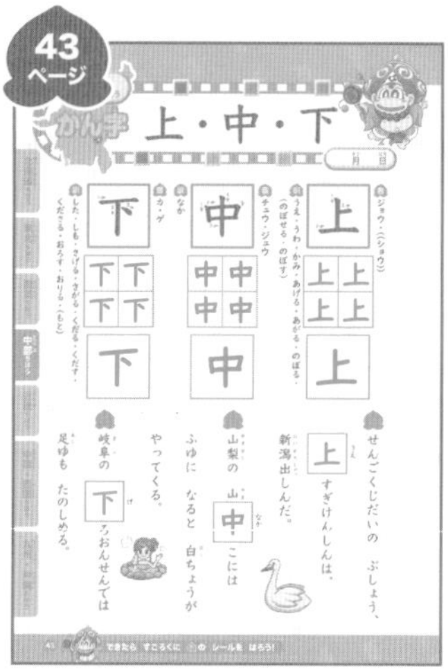

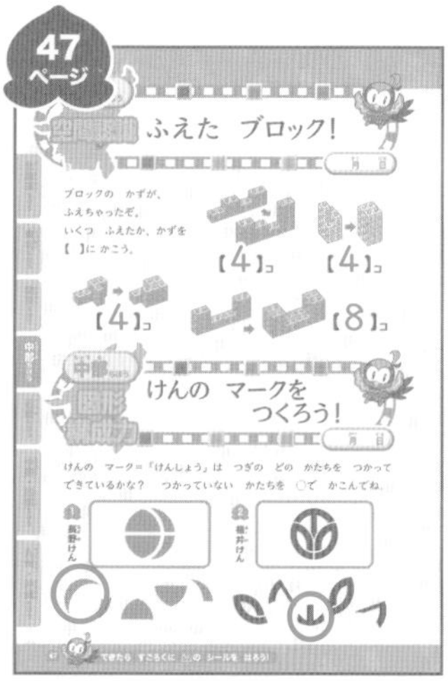

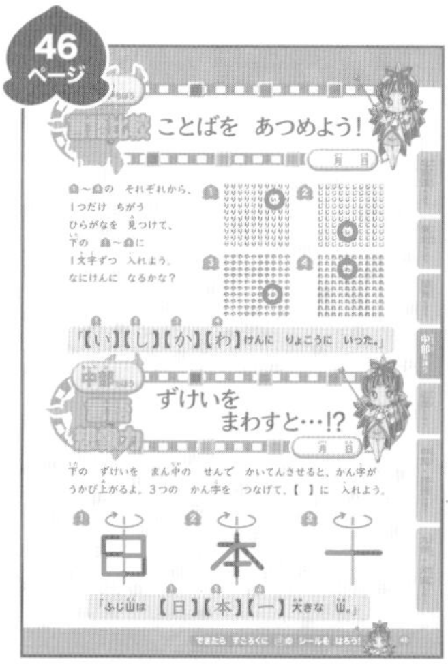

こたえを 見ると
いろいろと
はっ見が
ありますね!

近畿ちほう

むかし　日本の　みやこが
おかれていた　京都や　奈良には、
ゆう名な　おてらや
じんじゃが　たくさん　あるよ。
えどじだいに　「天下の　だい
どころ」と　よばれていた
大阪も、おいしい　たべものが
いっぱいだ！

滋賀けん　こうかしを
中しんに　つくられる
やきもの。たぬきの
おきものでも
ゆう名だね。

しがらきやき

京都の　町は、
みちが　たてよこ
すいちょくに
まじわっていて、
十字ろが　おおいんだ。

京都の町なみ

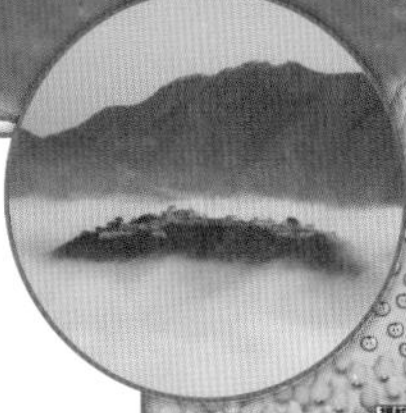

兵庫けん　あさごしに
あった　おしろの　あと。
あきから　ふゆの　あさ
見られる、うんかいと
よばれる　くもが　きれいだよ。

竹田じょう

京都ふ
滋賀けん
三重けん
兵庫けん
大阪ふ
和歌山けん
奈良けん
びわこ
こう子えん
うじし

いせしに　ある
じんじゃ。日本人の
「こころの　ふるさと」
とも　いわれているよ。

いせじんぐう

奈良こうえん

ならしに　ある　こうえん。
やく 1200とうも　いる
シカに、しかせんべいを
あげる　ことが　できるぞ。

たこやき

大阪で　たこやきを
たべられる　おみせは、
なんと　5000けん
い上。たべくらべたい！

金ごうぶじ

和歌山けんの
こうや山に　ある
おてら。空かいと
いう　おぼうさんが
たてたんだ。

近畿(きんき)ちほう

かん字(じ) 十・百・玉

月(がつ) 日(にち)

音 ジュウ・ジッ
訓 とお・と

十

音 ヒャク
訓

百

音 ギョク
訓 たま

玉

京都(きょうと)の まちは ごばんの 目(め)のように なっていて、□(じゅう)字(じ)ろが おおい。

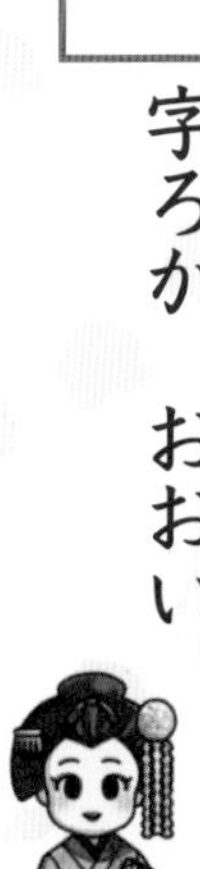

二千年(にせんねん)の れきしが ある 三重(みえ)の 「いせじんぐう」は 日本(にほん)いさん □(ひゃく)せんに えらばれた。

京都(きょうと)の うじは、□(ぎょく)ろと いう おちゃが ゆう名(めい)。

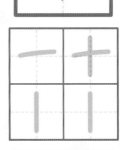

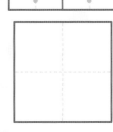

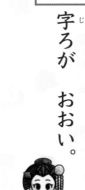

かん字　木・虫・竹

月　日

北海道ちほう
東北ちほう
関東ちほう
中部ちほう
近畿ちほう
中国・四国ちほう
九州・沖縄ちほう

木
音 ボク・モク
訓 き・こ

虫
音 チュウ
訓 むし

竹
音 チク
訓 たけ

奈良けんは □（もく）ざいが たくさん とれる。

京都の おてらの けごんじは、一年中 すず□（むし）の 音が きけるので、「すず□（むし）でら」と よばれる。

「□（たけ）田じょう」が、天空の しろのように そびえ立つ。

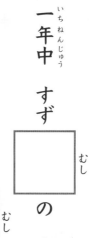

かん字 男・円・足

月(がつ)　日(にち)

男
音　ダン・ナン
訓　おとこ

円
音　エン
訓　まるい

足
音　ソク
訓　あし・たりる・たる・たす

兵庫(ひょうご)の「にしのみやじんじゃ」の ふく□(おとこ)まつりは、まい年(とし) わだいに なっている。

京都(きょうと)で いちばん ふるい「□(まる)山(やま)こうえん」は、しだれざくらが ゆう名(めい)。

大阪(おおさか)の ごとうちグルメと いえば、たこやき! たこの □(あし)は 八本(はちほん)だ。

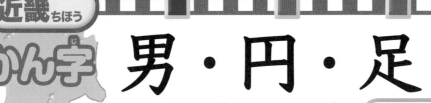

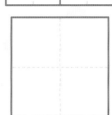

かん字 土・金・校

月　日

土

音　ド・ト

訓　つち

金

音　キン・コン

訓　かね・かな

校

音　コウ

訓

滋賀の　しがらきやきの　□（つち）で　つくった　たぬきの　おきものが　かざって　ある。

和歌山に　ある　こうや山の　□（こん）ごうぶじは、空かいと　いう　おぼうさんが　たてた　おてら。

こう□（こう）やきゅうで　ゆう名な　こう子えんきゅうじょう。

2けた − 1けたの ひきざん！

月　日

2けた − 1けたの　ひきざんだよ。
しきに　かかれている　すう字も　なぞろう！

1. 10 − 3 = □
2. 11 − 9 = □
3. 12 − 9 = □
4. 13 − 6 = □
5. 14 − 7 = □
6. 19 − 8 = □
7. 13 − 3 = □
8. 17 − 9 = □

近畿ちほうには、7つの　とどうふけんが　あるよ！

近畿ちほうだけ、「ふ」と　よばれる　ところが　2つ　あるよ！　京都ふと　大阪ふだね。

兵庫けんは、日本で　3ばん目に　おおく　玉ねぎが　とれるよ！

7月1日は、滋賀けんに　ある　「びわこの日」だよ！　日本で　いちばん　大きな　みずうみだね！

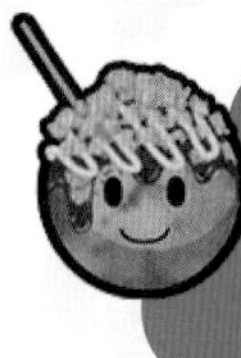

大阪ふで　ゆう名な　たこやき。8月8日は　「たこやきの　日」　なんだって！

レベルアップ ひきざん！ □に 入るのは？

（れい）の ように、ひきざんの しきを 見て □に 入る すう字を かこう！

（れい）

10 － □ ＝ 6　　10－6を すれば いいから 4だね！

□ － 9 ＝ 5　　5＋9を すれば いいから 14だね！

1. 13 － □ ＝ 3
2. 19 － □ ＝ 12
3. □ － 8 ＝ 11
4. □ － 9 ＝ 4
5. 12 － □ ＝ 7

奈良こうえんには、シカが やく1200とうも いるんだって！

和歌山けんの あり田みかんは、400年 い上の れきしが あるんだよ！

ボンビーチャレンジ!!

20 － □ ＝ 6 ｜ 17 － □ ＝ 4

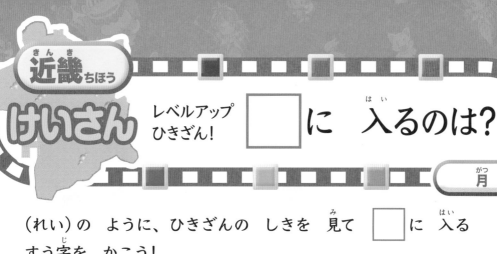

近畿ちほう めいろ

めざせ、ぎおんまつり!!

月　日

「ぎ」から　スタートして、
「ぎおんまつり」の　ことばに
なるように　せんで　つなごう。

- ▭は　とおれないよ。
- ななめには　すすめないよ。
- おなじ　マスは
  1どしか　とおれないよ。

スタート			ゴール	
ぎ	つ	お	り	ぎ
お	ん	ま	つ	ま
ぎ	り	つ	り	ん
お	ん	り	ぎ	お
つ	ま	つ	り	ん

近畿ちほう 空間認識

上から　見ると!?

月　日

見本の　つみ木を　ま上から　見たら
どんな　かたちに　なるかな。
3つの　中から　正しい　ものに　◯を　つけてね。

1

見本

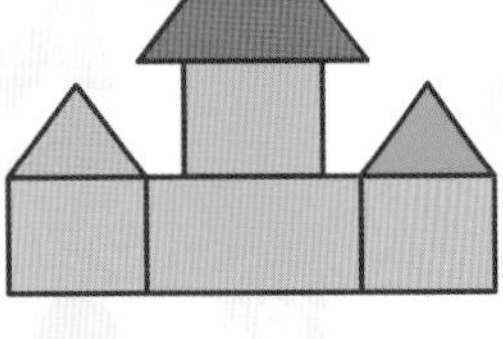

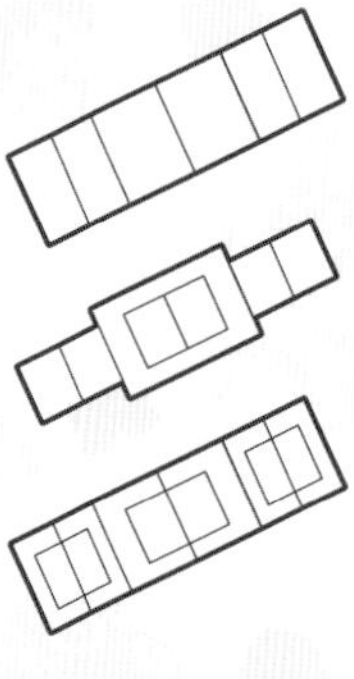

2

見本

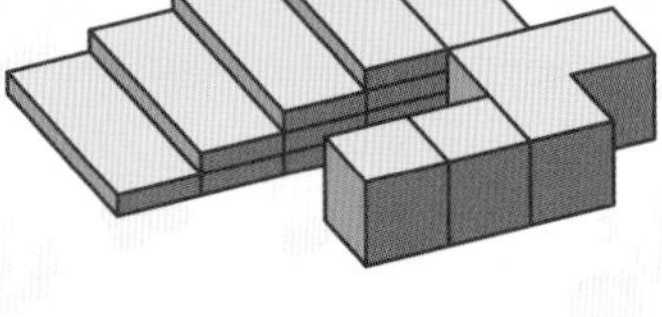

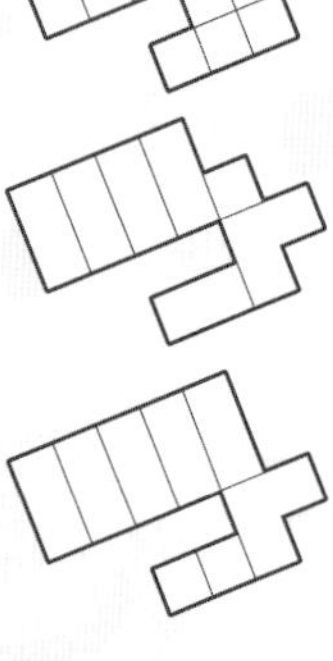

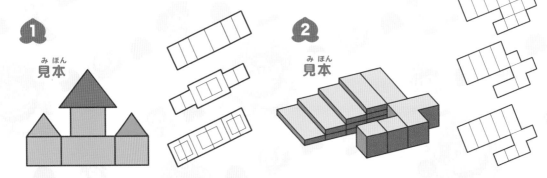

近畿ちほう

数量把握能力

ニンジャの おもさくらべ！

月　日

左の　2つの　天びんの　おもさが　つりあっている　とき、
右の　てんびんは　どちらが　おもいかな？
おもい　ほうに　◯を　つけてね。

手りけん1 = まきびし4　　ふきや1 = まきびし2

手りけん　　ふきや

近畿ちほう

数量把握能力

入る　どうぶつを さがせ！

月　日

どうぶつえんに　やってきた　ももたろう。それぞれ　ある きまりで どうぶつたちが ならんでいるよ。□に　入る どうぶつの　名まえを　かいてね。

1

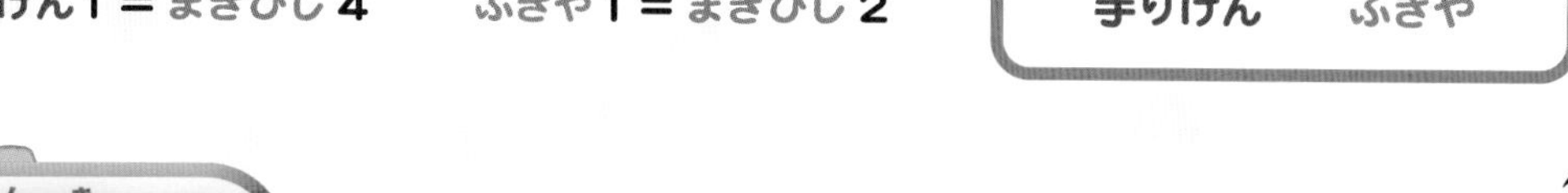

パンダ　クマ　パンダ　シロクマ　パンダ　【　　】　パンダ　シロクマ　パンダ　クマ

2

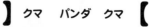

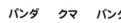

クマ　パンダ　【　　】　クマ　パンダ　クマ　【　　】　パンダ　クマ　パンダ

近畿ちほうの こたえ

50ページ

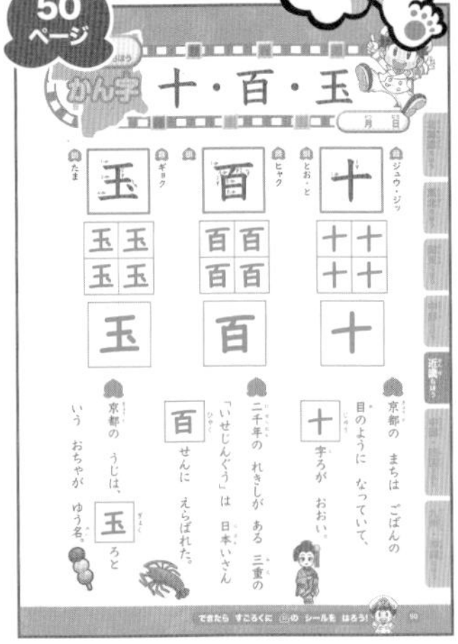

51ページ

52ページ

53ページ

54ページ

55ページ

56ページ

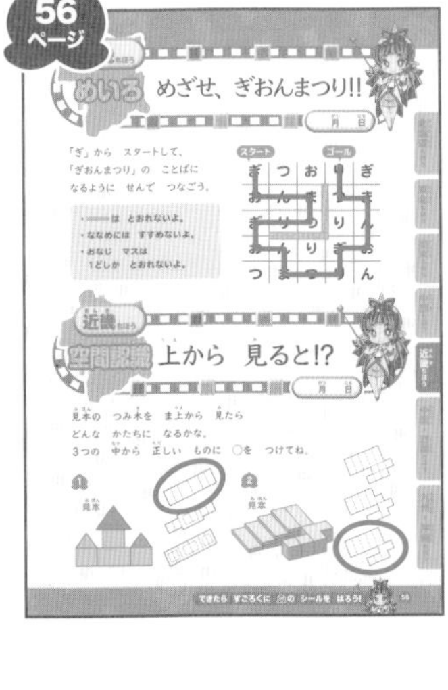

57ページ

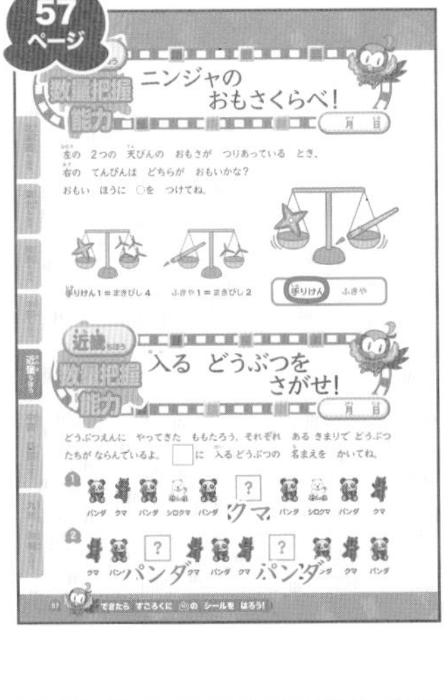

中国・四国ちほう

中国ちほうは、中国山ちを　はさんで　「山よう」と「山いん」に　わけられる。そして、四国ちほうは　その　名の　とおり　4つの　けんから　できている。中国と　四国は　3つの　はしで　つながって　いるんだ。

とっとりさきゅう

鳥取しに　ひろがる　すなち。ひろさは　とうきょうドーム　820こぶん！

にまサンドミュージアム

せかい一　大きな　すなどけいが　ゆう名。1年に　1ど、ひっくり　かえすんだ。

フグりょうり

山口けんの　しものせきは、日本中で　とれた　フグが　あつめられるぞ。

もも

「ももたろう」が　生まれた　岡山は、おいしい　ももが　とれる　ことでも　ゆう名だよ。

さぬきうどん

香川けんの　名ぶつ。コシの　つよさが　いちばんの　とくちょう。

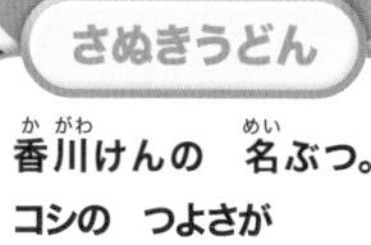

いまばりタオル

愛媛けん　いまばりしで　つくられる　タオル。いまばりには　「タオル　びじゅつかん」も　あるよ。

なるとの　うずしお

徳島けんと　兵庫けんの　あいだの　「なるとかいきょう」で　はっ生する　うず。

三・四・大

月　日

三
音 サン
訓 み・みっ・みっつ

四
音 シ
訓 よ・よっ・よっつ・よん

大
音 ダイ・タイ
訓 おお・おおきい・おおいに

日本□(さん)けいの 一つ、広島の みやじまには、「いつくしまじんじゃ」が ある。

□(し)こくに ある 日本で いちばん 小さい けん、香川けんは うどんが ゆう名。

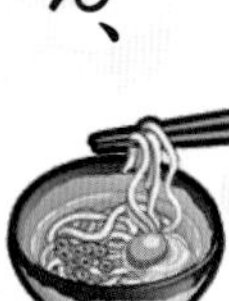

島根の 「にまサンドミュージアム」には、せかいで いちばん □(おお)きな すなどけいが ある。

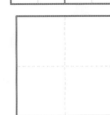

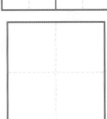

北海道ちほう
東北ちほう
関東ちほう
中部ちほう
近畿ちほう
中国・四国ちほう
九州・沖縄ちほう

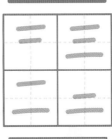

犬・左・右

月　日

犬
音 ケン
訓 いぬ

左
音 サ
訓 ひだり

右
音 ウ・ユウ
訓 みぎ

高知の　土佐（とさ）［　］（いぬ）は　天ねんきねんぶつに　していされている。

鳥取（とっとり）けんの　［　］（ひだり）どなりには　島根（しまね）けんが　ある。

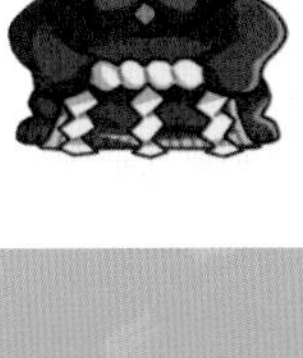

鳥取（とっとり）さきゅうで　ラクダに　のって　まわりを　見（み）わたすと、［　］（みぎ）も　左（ひだり）も　すなだらけ。

耳・口・白

月　日

耳
音 （ジ）
訓 みみ

口
音 コウ・ク
訓 くち

白
音 ハク・（ビャク）
訓 しろ・しろい・しら

徳島の　なるとの　うずしおの　うずまく　音が　□（みみ）に　のこる。

山□（ぐち）けんは　フグが　ゆう名。

□（はく）とうや　マスカットなど　フルーツが　ゆう名な　岡山けん。

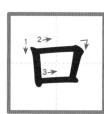

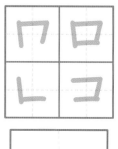

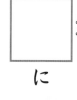

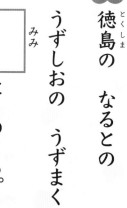

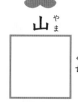

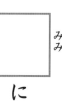

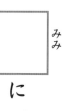

水・町

月　日

土さ犬

力が　つよく、
にんたい力も　ある。
たいじゅうは
35～90kgにも　なるよ。
かまれても　大けがを
しないように　ひふが
たるんでいるんだって。

もみじまんじゅう

広島けんの　みやじまで
人気の　おみやげ。
もみじがたの　きじの
中に　入った　あんこが
あまくて　おいしいよ！

音　スイ
訓　みず

水

音　チョウ
訓　まち

町

四まん十川は　□（みず）が　きれいだ。

愛媛けんの　いまばりしは　タオルで　ゆう名な　□（まち）。

100までの　たしざん！

月(がつ)　日(にち)

2けたの　たしざんに　ちょうせんだ！
しきに　かかれている　すう字(じ)も　なぞろう！

鳥取(とっとり)けんは「20せいきなし」がゆう名(めい)だよ！

1. 10 ＋ 10 ＝ □
2. 12 ＋ 2 ＝ □
3. 33 ＋ 9 ＝ □
4. 42 ＋ 5 ＝ □
5. 61 ＋ 8 ＝ □
6. 55 ＋ 2 ＝ □
7. 20 ＋ 20 ＝ □
8. 91 ＋ 7 ＝ □

山口(やまぐち)けんで　ゆう名(めい)な　フグの　しゅんは、12月(がつ)〜2月(がつ)ごろと　いわれているよ！

香川(かがわ)けんは、47とどうふけんの中(なか)で　いちばん　小(ちい)さいよ！

徳島(とくしま)けんの「あわおどり」は　まい年(とし)　8月(がつ)に　おこなわれているよ！

愛媛(えひめ)けんには、みかんの　ような　かんきつるいが　40しゅるいい上(じょう)　さいばいされているんだって！

3つの すう字で たしざん！

月　日

レベルアップ！　すう字を　3つ　たして　こたえを　出そう！

1. 60 ＋ 20 ＋ 10 ＝ □
2. 40 ＋ 10 ＋ 30 ＝ □
3. 50 ＋ 30 ＋ 10 ＝ □
4. 20 ＋ 5 ＋ 3 ＝ □
5. 32 ＋ 5 ＋ 2 ＝ □

先に　小さい　すう字どうしを　たすと　いいよ。

中国ちほうには　ぜんぶで　5つの　けんが　あるよ！　岡山けん、広島けん、山口けん、鳥取けん、島根けんだね！

四国ちほうには、ぜんぶで　4つの　けんが　あるよ！　香川けん、徳島けん、愛媛けん、高知けんだね！

ボンビーチャレンジ!!

74 ＋ 1 ＋ 4 ＝ □

2 ＋ 2 ＋ 43 ＝ □

中国・四国ちほう めいろ

くりかえして すすめ!

月　日

「なるとの　うずしお」の　じゅんに
3回　くりかえして　スタートから
ゴールまで　すすもう。

- すべての　マスを
  とおらなくても　いいよ。
- ななめには　すすめないよ。
- おなじマスは　1かいしか
  とおれないよ。

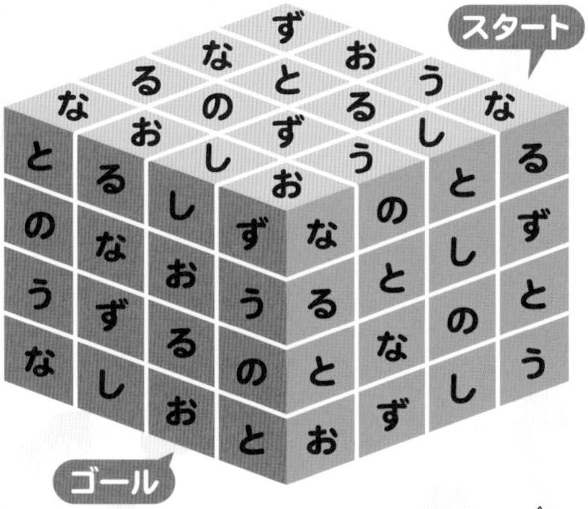

中国・四国ちほう 空間知覚

きり口…どうなってる!?

月　日

レモンを　きった　ときの　きり口は　どうなるか、それぞれ　せんで
つなごう。

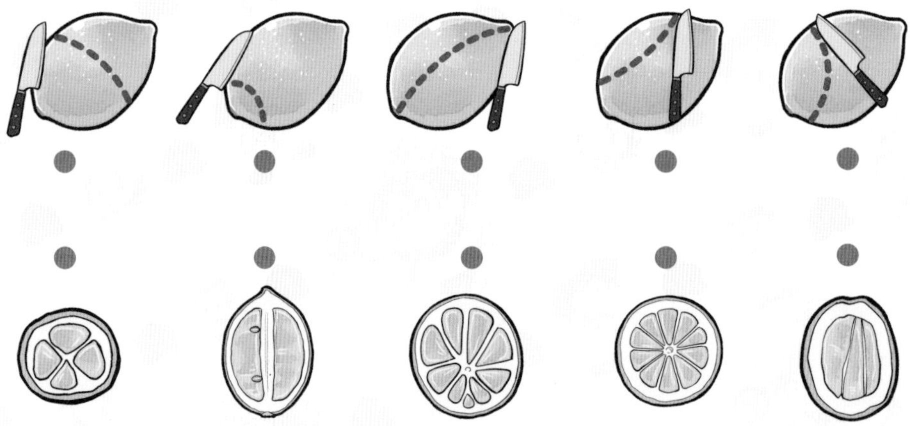

北海道ちほう
東北ちほう
関東ちほう
中部ちほう
近畿ちほう
中国・四国ちほう
九州ちほう

中国・四国ちほう
プログラミング思考

大きいのは　どっち!?

月　日

ももたろうが　やしゃひめ・イヌ・キジ・サル・びんぼうがみに　1～5の　すう字を　つたえたよ。それぞれが　おぼえている　すう字を　つかって、もんだいを　といてみよう。

1 **それぞれ　おおきい　ほうの　すう字の　キャラに　○を　つけてね。**

2 **3つの　グループの　うち、いちばん　小さい　すう字の　グループに　○を　つけてね。**

中国・四国ちほう
プログラミング思考

うどんは　なんばい　たべた!?

月　日

ももたろうと　やしゃひめが　香川けんで　うどんを　たべたよ。
それぞれ　りょこう中に　なんばい　たべたかな。
（キャラの　よこに　かかれた　すう字は、まえの　日までに　たべた　かずを　あらわしているよ。）

1

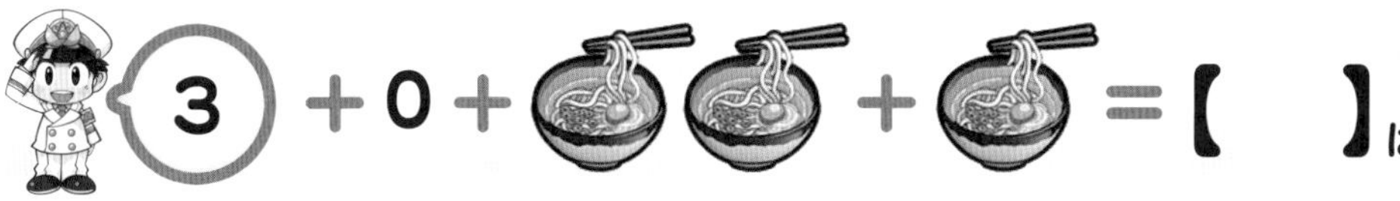

2

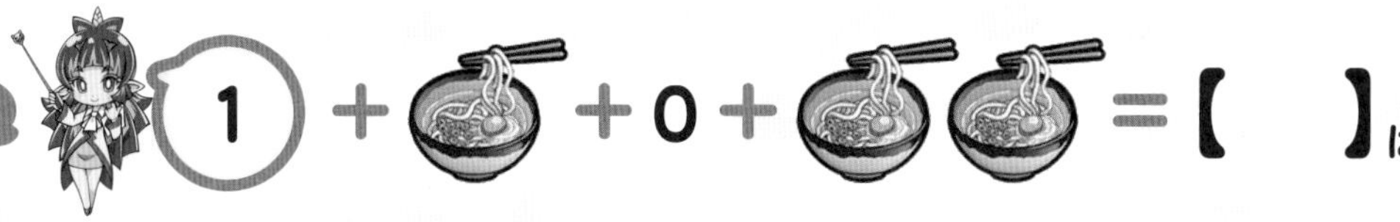

中国・四国ちほうの こたえ

62ページ
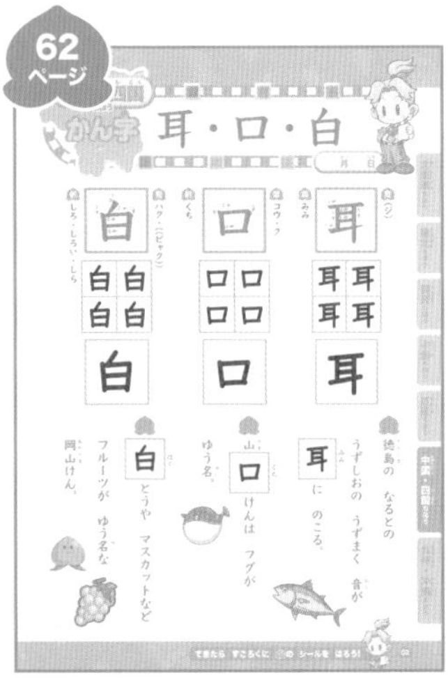
かん字 耳・口・白

耳　口　白

徳島の なるとの うずしおの うずまく 音が 耳に のこる。
山口けんは フグが ゆう名。
岡山けんは 白とうや マスカットなど フルーツが ゆう名な けん。

61ページ

かん字 犬・左・右

犬　左　右

高知の 土さ犬は 天ねんきねんぶつに していされている。
鳥取けんの 左どなりには 島根けんが ある。
鳥取さきゅうで ラクダに のって まわりを 見わたすと、 右も 左も すなだらけ。

60ページ
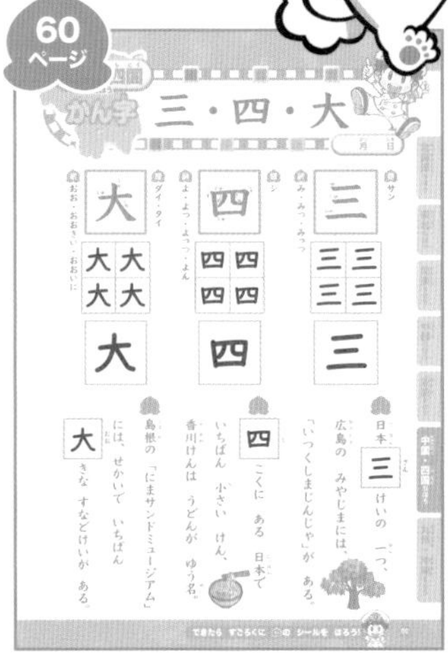
かん字 三・四・大

三　四　大

日本 三けいの 一つ、 広島の みやじまには、 「いつくしまじんじゃ」が ある。
四こくに ある 日本で いちばん 小さい けん、 香川けんは うどんが ゆう名。
島根の 「にまサンドミュージアム」には、 せかいで いちばん 大きな すなどけいが ある。

65ページ

けいさん 3つの すう字で たしざん!

1. 60 + 20 + 10 = 90
2. 40 + 10 + 30 = 80
3. 50 + 30 + 10 = 90
4. 20 + 5 + 3 = 28
5. 32 + 5 + 2 = 39

チャレンジ: 74 + 1 + 4 = 79　2 + 2 + 43 = 47

64ページ

けいさん 100までの たしざん!

1. 10 + 10 = 20
2. 12 + 2 = 14
3. 33 + 9 = 42
4. 42 + 5 = 47
5. 61 + 8 = 69
6. 55 + 2 = 57
7. 20 + 20 = 40
8. 91 + 7 = 98

63ページ
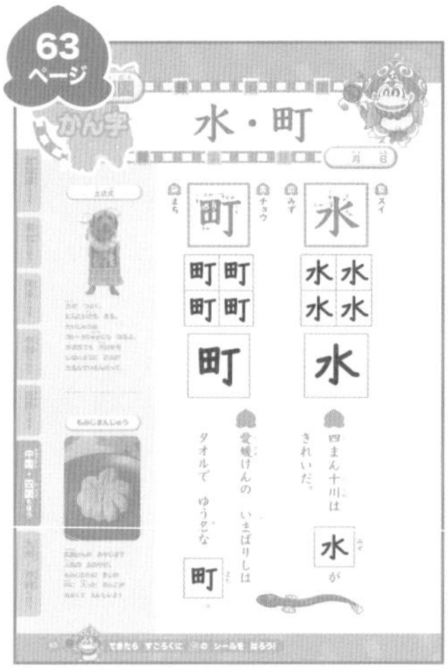
かん字 水・町

水　町

四まん十川は 水が きれいだ。
愛媛けんの いまばりしは タオルで ゆう名な 町。

67ページ
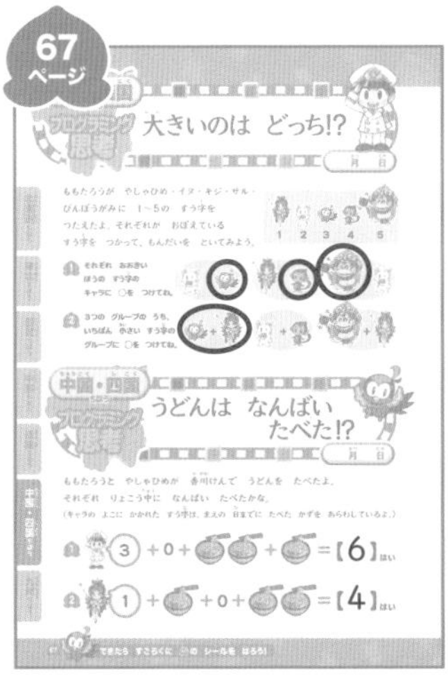
プログラミング思考 大きいのは どっち!?

プログラミング思考 うどんは なんばい たべた!?

1. 3 + 0 + … = [6]はい
2. 1 + … + 0 + … = [4]はい

66ページ

めいろ くりかえして すすめ!

空間認識 きり口…どうなってる!?

つぎは
いよいよ さいご!
九州・沖縄ちほう
だよ♪

北海道ちほう
東北ちほう
関東ちほう
中部ちほう
近畿ちほう
中国・四国ちほう
九州ちほう

九州・沖縄ちほう

日本の　みなみの　ほうに　あり、むかしから
がいこくとの　こうりゅうの　まど口と　しても
さかえてきたよ。沖縄は　かつて　やく450年かんに
わたって　「りゅうきゅう王こく」だったんだ。

から子めんたい子

スケトウダラの
たまごを　しおづけして
とうがら子などに　つけこんだ
からくて　おいしい　たべもの。

大分けん　べっぷしに
ある　おんせんち。
べっぷおんせんの
おゆの　りょうは
日本一なんだ。

べっぷおんせん

くまモン

熊本けんを　PRする
ための　キャラクター。
くまモンは　町の
いろいろな　ところで
見られるぞ。

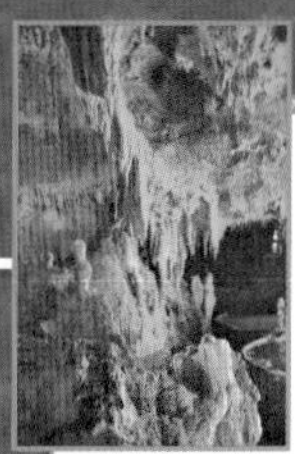

20まん年もの
ときを　かけて
サンゴしょうから
生まれた
しょうにゅうどう。

石がきじましょうにゅうどう

フェニックス

なんごくの　宮崎に
ふさわしい　ふうけいを
つくっている　木だよ。

さくらじま

鹿児島けんの　鹿児島わんに
ある　火山。いまも　かっぱつに
かつどうを　つづけているんだ。

入・学・子

月（がつ）　日（にち）

入
音　ニュウ
訓　いる・いれる・はいる

学
音　ガク
訓　まなぶ

子
音　シ・ス
訓　こ

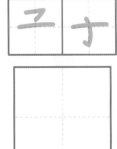

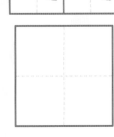

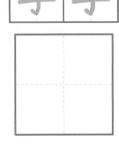

りょこうで　大分（おおいた）に　いき、
べっぷおんせんに　□（はい）った。

校（こう）がい□（がく）しゅうで
長崎（ながさき）の「げんばく
しりょうかん」に　いった。

福岡（ふくおか）の
から□（し）めんたい□（こ）は、
からくて　ごはんに　あう。

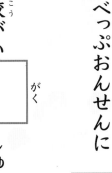

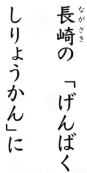

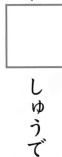

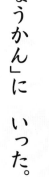

人・気・出

月　日

人

音 ジン・ニン

訓 ひと

気

音 キ・ケ

出

音 シュツ・（スイ）

訓 でる・だす

三月に　はかた[　]（にん）ぎょうの　おひなさまを　もらった。

佐賀の　[　]（き）きゅうの　おまつりは、まい年　おおくの　人が　おとずれる。

[　]（で）じまは、さこく中の　日本で　ゆい一の　がいこくとの　まど口だった。

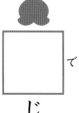

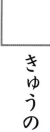

青・林・石

月　日

青
音 セイ・（ショウ）
訓 あお・あおい

林
音 リン
訓 はやし

石
音 セキ・シャク・（コク）
訓 いし

宮崎（みやざき）は [あお]い うみが ゆう名（ゆうめい）。

宮崎（みやざき）は [りん]ぎょうも さかんで、森（しん）[りん]が おおい。

沖縄（おきなわ） [いし]がきじまの しょうにゅうどうは、サンゴしょうから できている。

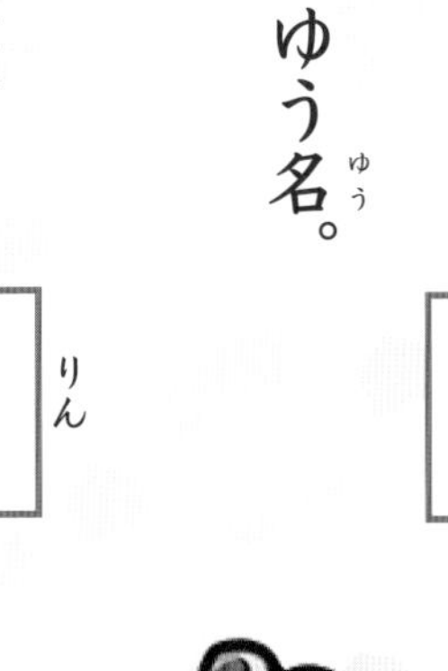

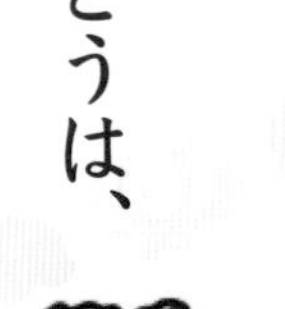

北海道ちほう
東北ちほう
関東ちほう
中部ちほう
近畿ちほう
中国・四国ちほう
九州・沖縄ちほう

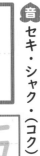

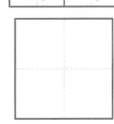

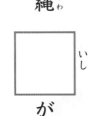

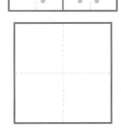

文・字

月　日

文
音　ブン・モン
訓　(ふみ)

字
音　ジ
訓　(あざ)

鹿児島の　さくらじまに
いった　おもい出を
さく□(ぶん)に　した。

ももてつドリルで　たくさんの
かん□(じ)を　学べたよ！

佐賀インターナショナルバルーンフェスタ

佐賀しで　まい年　あきに
ひらかれる、ねつ気きゅうの
きょうぎ大かい。100き
い上の　気きゅうが　空に
うかぶ　こうけいは、
はく力まんてんだよ！

へいわこうえん

1945年8月9日に
おとされた　げん子ばくだんの
ばくしんちに、へいわの
いのりを　こめて　つくられた
こうえん。この
「へいわきねんぞう」は、
右手で　げんばくの
おそろしさを、
左手で　へいわを
ひょうげんしているよ。

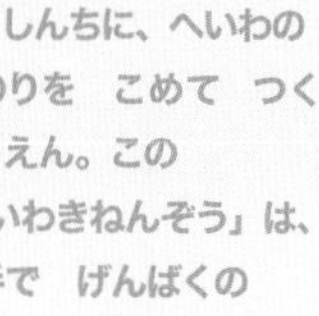

100までの ひきざん！

月　日

これまでの　まとめに　チャレンジしよう！
100までの　かずの　ひきざんだよ！

1. 48 − 1 = □
2. 35 − 2 = □
3. 54 − 3 = □
4. 19 − 4 = □
5. 61 − 7 = □
6. 16 − 2 = □
7. 74 − 4 = □
8. 88 − 7 = □

日本には　ぜんぶで
47この　とどうふけんが
あるよ！

沖縄けんの　シーサーは、
2たいを　いっしょに　おくのが
いっぱんてきだね！

カステラは、1500年だいの
おわりごろに　ポルトガルから
長崎けんに　つたわって
きたんだ！

佐賀けんの「あり田やき」は、
1600年だいに　日本で
はじめて　つくられた
じきだよ！

九州ちほうには
7つの　けんが
あるよ！

レベルアップ ひきざん！ □に 入るのは？

月　日

さいごの　けいさんもんだいだよ！
(れい)を　見て、ときかたを　チェックしてね。

(れい)

□ − 5 ＝ 53　　53＋5を　したら　いいから、58に　なるね！

70 − □ ＝ 30　　70−30を　したら　いいから、40に　なるね！

1. □ − 9 ＝ 90
2. □ − 2 ＝ 16
3. □ − 3 ＝ 33
4. 90 − □ ＝ 20
5. 40 − □ ＝ 10

かぼすは　およそ 99%が 大分けんで　つくられて いるんだよ！

熊本けんの　あそ山は たかさ 1600mくらいの 火山で、いまも　かつどうして いるんだよ！

鹿児島けんや　宮崎けんでは、たべるための　うしや　にわとりや ぶたを　たくさん　そだてているよ！ どれもが　日本で　3いに 入るくらいの りょうなんだって！

ボンビーチャレンジ!!

100 − □ ＝ 60　｜　100 − □ ＝ 40

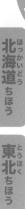

北海道ちほう
東北ちほう
関東ちほう
中部ちほう
近畿ちほう
中国・四国ちほう
九州・沖縄ちほう

九州・沖縄ちほう めいろ

名さんひんで　めいろ！

月　日

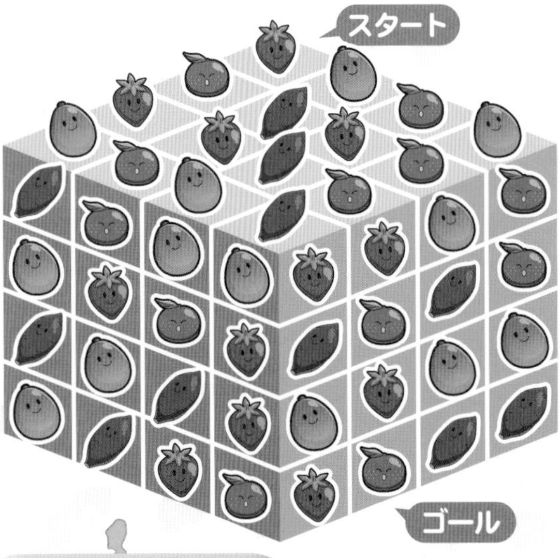

いちご（福岡）→マンゴー（宮崎）→さつまいも（鹿児島）→シークヮーサー（沖縄）→…の じゅんに　スタートから ゴールまで　すすもう。ななめには　すすめないよ。

九州・沖縄ちほう プログラミング思考

ももたろうは　どこ!?

月　日

文を　よんで、ももたろうが どこの　けんに　いるか、◯を　かきましょう。

上には　福岡けんが　あって、
下には　鹿児島けんが　あるよ。
そして　右には
宮崎けんが　あるんだ。
いま どこの　けんに　いますか？
けんの　名まえを　◯で　かこみましょう。

北海道ちほう
東北ちほう
関東ちほう
中部ちほう
近畿ちほう
中国・四国ちほう
九州・沖縄ちほう

九州・沖縄ちほう
プログラミング思考

めいれい　どおり　ぬりつぶせ!

月　日

れいを　見て、文しょうの　めいれい　どおりに　マスに　色を　ぬってね。
なんの　字が　うかんでくるかな？ ※（タテの　すう字）・（ヨコの　すう字）を　よく　見てね。

れい

めいれい

（2・一）、（3・二）を
えんぴつで　ぬりつぶそう。

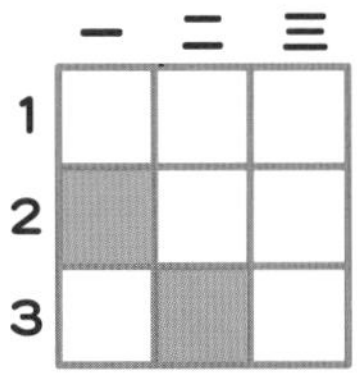

めいれい

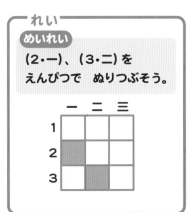

（2・二）、（2・四）、（4・二）、（4・四）を
えんぴつで　ぬりつぶそう。

	一	二	三	四	五
1					
2					
3					
4					
5					

ヒント：
ぬっていない　ところを
よく　見ると…？
「鹿児島けんでは　まい年
【　　】んぼアートが
ひらかれる。」

九州・沖縄ちほう
プログラミング思考

シーサーに　たどりつけ!

月　日

ももたろうが　シーサーと
まちあわせしているよ。さつまいもを
ひろってから、シーサーの
ところまで　いく　ための　ボタンの
うごかしかたを
かんがえてみよう。

ボタン

左、右、○、×

れい

① 右と　○
② 右
③ 右
④ 右と　×
⑤ 右

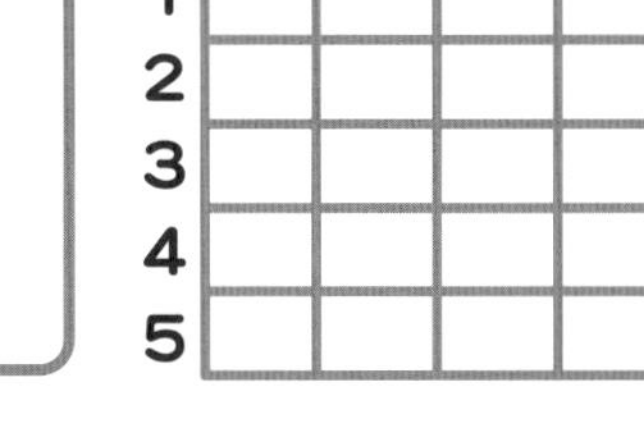

① ________
② ________
③ ________
④ ________
⑤ ________
⑥ ________
⑦ ________
⑧ ________

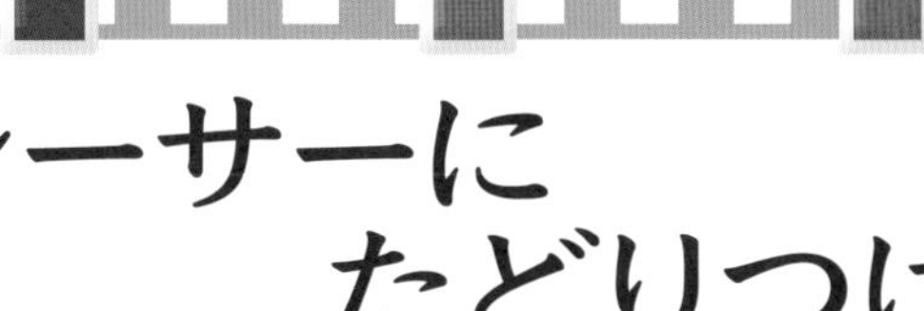

九州（きゅうしゅう）・沖縄（おきなわ）ちほうの こたえ

72ページ

71ページ

70ページ

75ページ

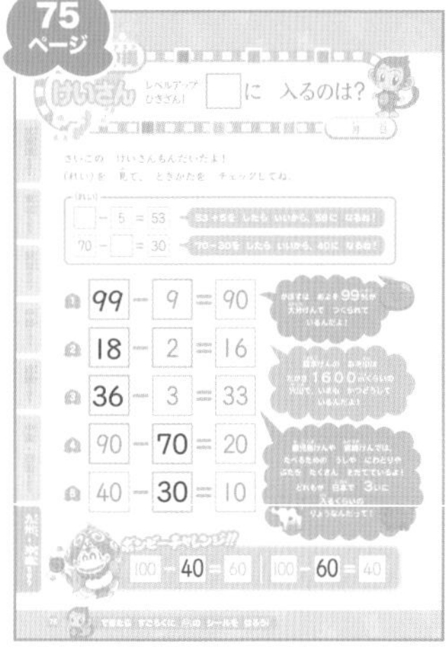

74ページ

73ページ

さいごまで
やりきるなんて
本（ほん）とうに すごい!!

77ページ

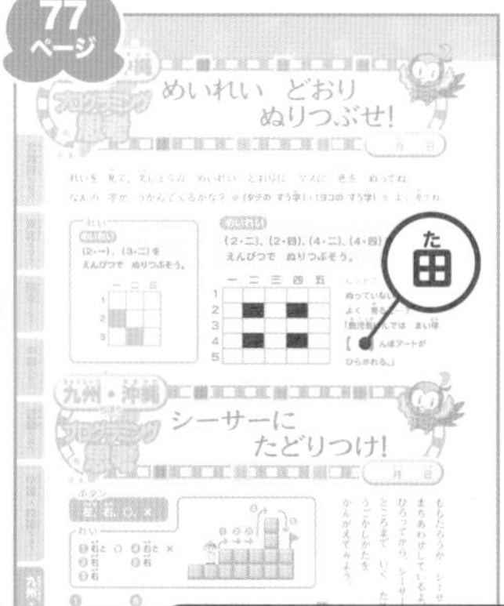

1. 左（ひだり）と ○
2. 右（みぎ）
3. 右（みぎ）
4. 右（みぎ）と ×
5. 右（みぎ）
6. 右（みぎ）と ○
7. 右（みぎ）
8. 右（みぎ）と ○

76ページ

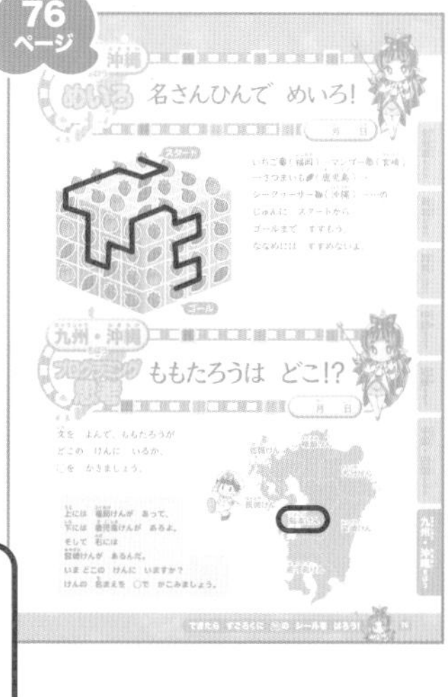

わーーっ
ドリル ぜんぶ といたぞーーー!!!
小1のべんきょうなら なんでも きいてくれたまえ!!
フフー
キャラかわってる!?
日本についてくわしくなれましたね!!
まるで本とうに…

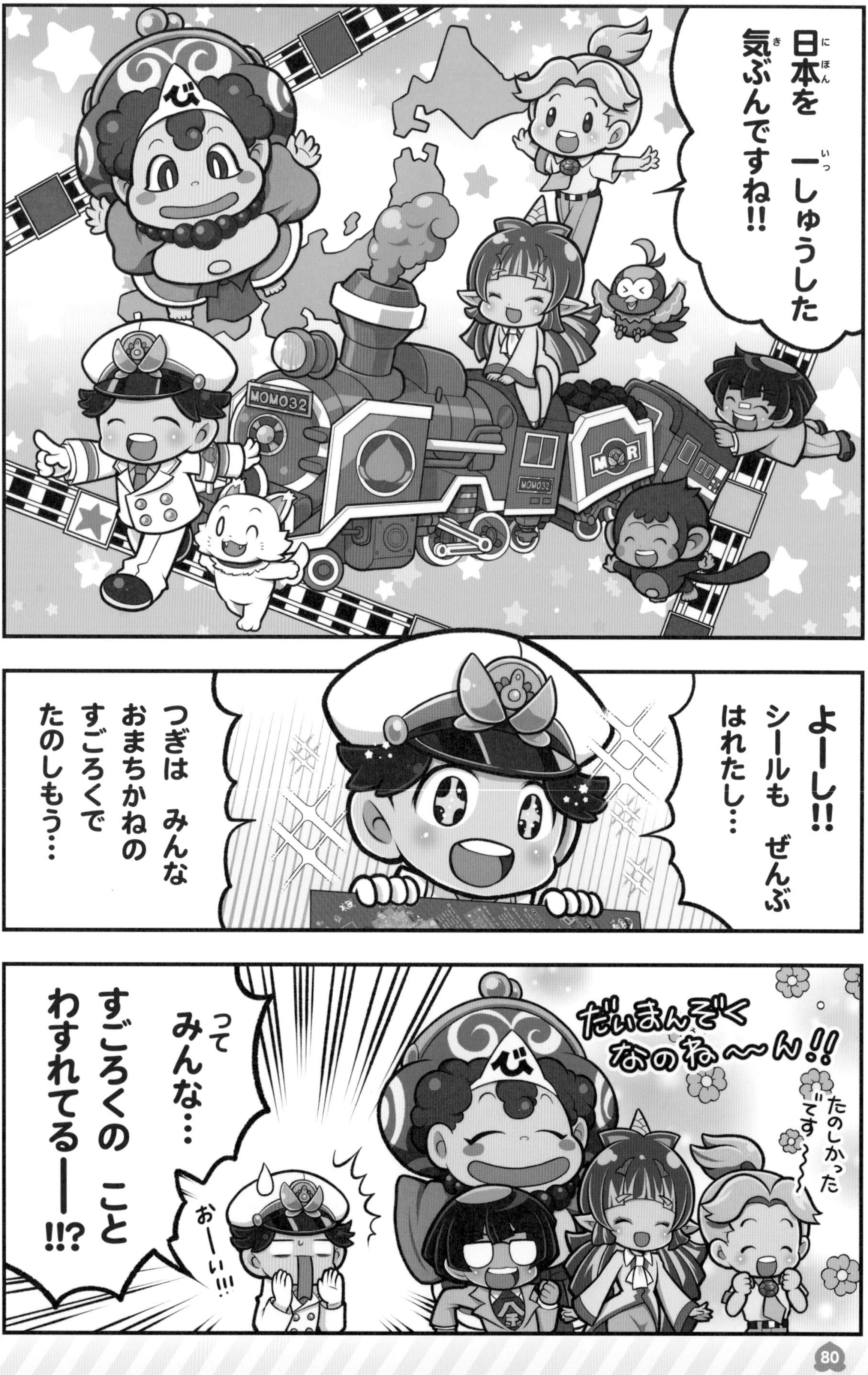
日本を　一しゅうした気ぶんですね!!
MOMO32
よーし!!
シールも　ぜんぶ
はれたし…
つぎは　みんな
おまちかねの
すごろくで
たのしもう…
だいまんぞく
なのね〜〜ん!!
たのしかったです〜〜
って
みんな…
すごろくの　こと
わすれてる──!!?
おーい!!!

桃太郎電鉄 教育版 日本っておもしろい！

日本一しゅうすごろく

ぶひん

★カバーの　うらの　すごろくで　つかうよ！
つくりかたは、ひょうしの　うらを　見てね。

※はさみを　つかう　ときは、かならず、おうちの　人と　いっしょに　やろう！

―――― は、きる。 -・-・-・- は、山（やま）おり。 - - - - - - は、たにおり。 ▬▬▬ は、はる。

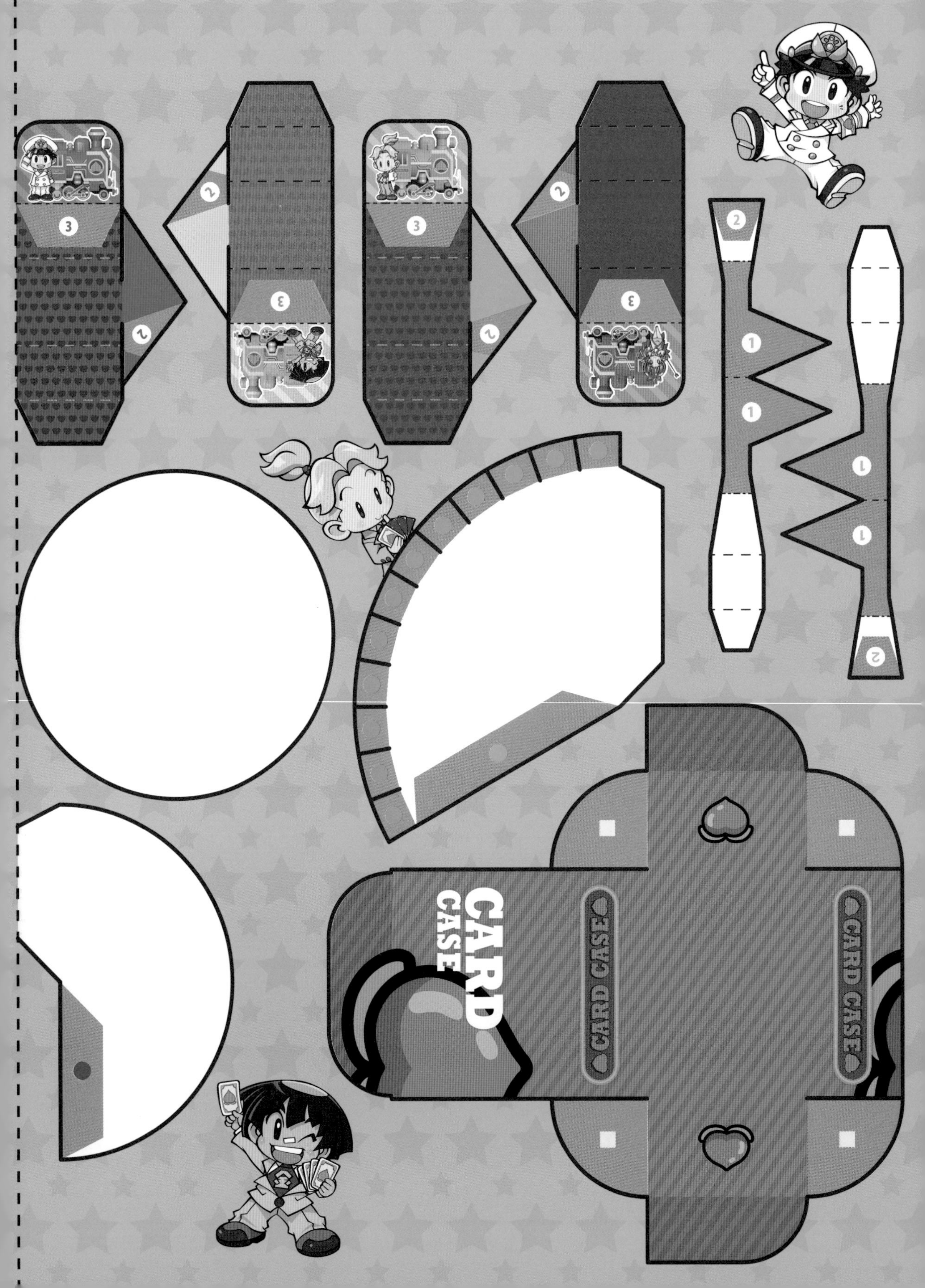

▼さいころ（中）

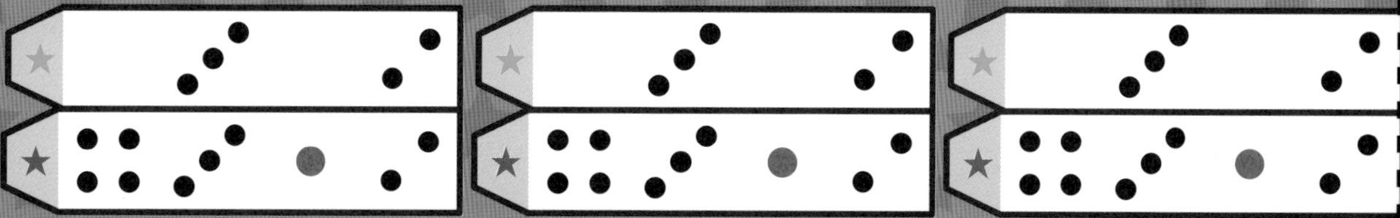

◀えき名くじ

たかまつ（香川けん）	おおつ（滋賀けん）	とうきょう（東京と）	さっぽろ（北海道）
まつやま（愛媛けん）	きょうと（京都ふ）	よこはま（神奈川けん）	あおもり（青森けん）
こうち（高知けん）	おおさか（大阪ふ）	にいがた（新潟けん）	もりおか（岩手けん）
はかた（福岡けん）	こうべ（兵庫けん）	とやま（富山けん）	せんだい（宮城けん）
さが（佐賀けん）	なら（奈良けん）	かなざわ（石川けん）	あきた（秋田けん）
ながさき（長崎けん）	わかやま（和歌山けん）	ふくい（福井けん）	やまがた（山形けん）
くまもと（熊本けん）	とっとり（鳥取けん）	こうふ（山梨けん）	ふくしま（福島けん）
おおいた（大分けん）	まつえ（島根けん）	ながの（長野けん）	みと（茨城けん）
みやざき（宮崎けん）	おかやま（岡山けん）	ぎふ（岐阜けん）	うつのみや（栃木けん）
かごしま（鹿児島けん）	ひろしま（広島けん）	しずおか（静岡けん）	まえばし（群馬けん）
なは（沖縄けん）	やまぐち（山口けん）	なごや（愛知けん）	さいたま（埼玉けん）
	とくしま（徳島けん）	つ（三重けん）	ちば（千葉けん）

▼カード

▲さいころ（そと）

きゅうこうカード さいころを 2つ ふれる。	ばしょがえカード だれかと ばしょを こうかんできる。	へっちゃらカード ルーレットで 赤に なっても もどらない。
きゅうこうカード さいころを 2つ ふれる。	ばしょがえカード だれかと ばしょを こうかんできる。	へっちゃらカード ルーレットで 赤に なっても もどらない。
きゅうこうカード さいころを 2つ ふれる。	ばしょがえカード だれかと ばしょを こうかんできる。	へっちゃらカード ルーレットで 赤に なっても もどらない。
きゅうこうカード さいころを 2つ ふれる。	ばしょがえカード だれかと ばしょを こうかんできる。	へっちゃらカード ルーレットで 赤に なっても もどらない。
きゅうこうカード さいころを 2つ ふれる。	ぴったりカード だれかと おなじ えきへ いける。	へっちゃらカード ルーレットで 赤に なっても もどらない。
きゅうこうカード さいころを 2つ ふれる。	ぴったりカード だれかと おなじ えきへ いける。	かたながりカード だれかの カードを 1まい もらえる。
とっきゅうカード さいころを 3つ ふれる。	ぴったりカード だれかと おなじ えきへ いける。	かたながりカード だれかの カードを 1まい もらえる。
とっきゅうカード さいころを 3つ ふれる。	ぴったりカード だれかと おなじ えきへ いける。	かたながりカード だれかの カードを 1まい もらえる。
とっきゅうカード さいころを 3つ ふれる。	ぴったりカード だれかと おなじ えきへ いける。	かたながりカード だれかの カードを 1まい もらえる。
とっきゅうカード さいころを 3つ ふれる。	スペシャルカード 1～6の すきな かず すすめる。	スペシャルカード 1～6の すきな かず すすめる。

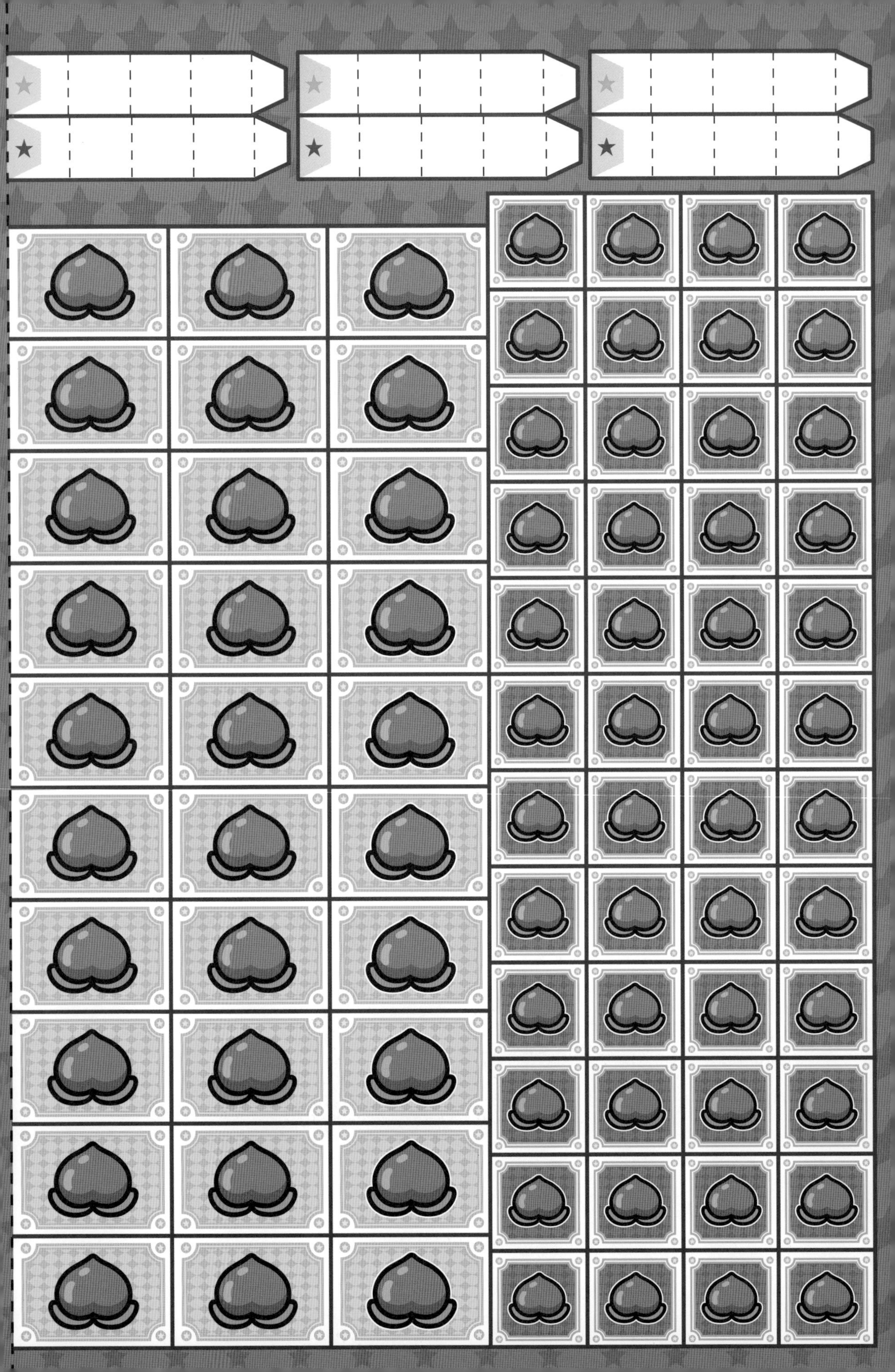